Research on The Identification, Drivers and Effectiveness Emergency of Organizational Citizenship Behavior in Construction Megaprojects

重大工程组织公民行为识别、驱动因素与效能涌现研究

杨德磊　何清华　/著

内 容 简 介

　　本书从我国重大工程的实践观察出发，基于大量的行业调研和科学论证，识别了重大工程中普遍存在的组织公民行为所包含的五种具体行为现象，并从完全利他的社会价值动机、利己的政治诉求和商业价值等两个方面揭示了重大工程组织公民行为的内部驱动，从制度要素对重大工程参建方产生的影响刻画了这一行为的扩散路径和外部驱动机制，最后论证了这一行为对重大工程项目管理的重要价值。

　　本书的目标读者群体是跨学科的，包括对组织行为、公共管理和基础设施管理感兴趣的社会科学类和管理科学类的学生和学者，重大工程的政策制定者、行政管理者、决策者、咨询者、管理者和其他实践参与者也是本书的重要目标群体。

图书在版编目(CIP)数据

　　重大工程组织公民行为识别、驱动因素与效能涌现研究/杨德磊，何清华著. —北京：北京大学出版社，2019.3

　　ISBN 978-7-301-30356-6

　　Ⅰ.①重… Ⅱ.①杨…②何… Ⅲ.①重大建设项目—项目管理—研究—中国 Ⅳ.①F282

　　中国版本图书馆 CIP 数据核字（2019）第 034796 号

书　　名	重大工程组织公民行为识别、驱动因素与效能涌现研究 ZHONGDA GONGCHENG ZUZHI GONGMIN XINGWEI SHIBIE QUDONG YINSU YU XIAONENG YONGXIAN YANJIU
著作责任者	杨德磊　何清华　著
策划编辑	赵思儒　李虎
责任编辑	刘健军　伍大维
标准书号	ISBN 978-7-301-30356-6
出版发行	北京大学出版社
地　　址	北京市海淀区成府路 205 号　100871
网　　址	http://www.pup.cn　新浪微博：@北京大学出版社
电子信箱	pup_6@163.com
电　　话	邮购部 010-62752015　发行部 010-62750672　编辑部 010-62750667
印刷者	北京虎彩文化传播有限公司
经销者	新华书店
	720 毫米×1020 毫米　16 开本　15.75 印张　275 千字 2019 年 3 月第 1 版　2019 年 3 月第 1 次印刷
定　　价	55.00 元

未经许可，不得以任何方式复制或抄袭本书之部分或全部内容。
版权所有，侵权必究
举报电话：010-62752024　电子信箱：fd@pup.pku.edu.cn
图书如有印装质量问题，请与出版部联系，电话：010-62756370

前　　言

　　近 30 年来，我国重大工程建设取得了举世瞩目的成就，如长江三峡、西气东输、南水北调、青藏铁路、港珠澳大桥等项目均堪称世界工程奇迹。这些巨大成就的取得，除了归因于我国特有的制度、体制优势及较强的工程建设能力外，还与众多参建方高度的主观能动性和创造力息息相关，如对任务执行精益求精，自觉达到甚至超出项目的要求和期望，以项目整体利益为重，服从大局，主动与关联参建方相互协助，保持协同，维护和谐的项目氛围，避免恶意冲突等。这表明，尽管按照合约完成项目建设任务，实现各自利益最大化是常规做法和理性选择，但参建方也会做出一些非理性的积极行为。这类现象在组织行为学中被称为组织公民行为（Organizational Citizenship Behaviors，OCB）。重大工程组织公民行为（Organizational Citizenship Behavior in Construction Megaprojects，MOCB）是指参建方实施的、未在正式合约范围内、但整体有助于实现项目目标的积极行为。尽管对重大工程项目目标的实现有重要价值，但 MOCB 尚不属于常规的项目管理内容，其复杂的行为动机也备受质疑，对项目管理目标的价值尚未得到验证和认可。基于上述行业背景与理论背景，本书融合了组织行为学、积极组织研究、团队利他理论、制度理论、组织效能理论等相关视角，识别了重大工程参建方实施的 MOCB 类别，分析了 MOCB 的行为特征，考察了参建方实施组织公民行为的内外部驱动因素，验证了这类行为对重大工程项目管理效能的积极意义。具体而言，本书主要开展了以下研究工作。

　　（1）MOCB 的识别。基于组织行为学关于 OCB 的定义和相关成果，本书提炼 OCB 的理论框架，以此为依据，从重大工程实践出发，通过公开资源及专家举证等渠道，收集得到来自重大工程参建方实施的 MOCB 事例 652 个，采用质性研究方法，识别出权变式协同、服从、和谐关系维护、尽责和首创性在内的 5 种 MOCB 表现形式。基于事例的文本分析，本书从重大工程情境的影响出发，刻画了 MOCB 的跨组织网络属性、多元化特征、网络关系导向等情境化特征；基于实地调研数据的统计分析，分析了业主方、施工方和设计方实施 MOCB 的整体水平和角色差异性。结果表明，不同角色的参建方实施的 MOCB 水平不存在显著差异，但在 MOCB 的不同维度上表现有所不同。

（2）MOCB 的内部驱动（利他动机）。本书基于团队利他理论构建重大工程参建方利他动机理论模型，并结合第一轮行业专家访谈，识别出情境化的 MOCB 利他动机，包括社会价值动机和互惠动机（包含企业发展和政治诉求两种类别）。本书基于行业调研数据，采用层次回归分析方法，结合重大工程普遍存在的政府关联的影响，验证了上述两种利他动机与 MOCB 之间的关系。结果表明，参建方的社会价值动机对 MOCB 的驱动作用要大于互惠动机，但当政府关联普遍较高时，社会价值动机会转换为互惠动机，且这种转换具有隐蔽性。

（3）MOCB 的外部驱动（制度同构效应）。基于制度理论，本书从外部环境中的制度规范同构和制度模仿同构出发，结合参建方之间的关系型信任和业主的支持等情境因素，构建 MOCB 的外部驱动模型。采用结构方程模型方法，验证了上述理论模型。结果表明，制度规范同构对 MOCB 有显著的驱动作用，且业主的支持在上述驱动过程中具有显著的中介作用，但项目中参建方之间基于关系网络产生的信任并不会给上述作用的产生带来显著波动；制度模仿同构同样可以显著驱动 MOCB 的传播和扩散，但这一作用取决于业主对 MOCB 的支持，而参建方之间的关系型信任则会强化制度模仿同构对 MOCB 的驱动作用。

（4）MOCB 的效果（项目管理效能涌现）。基于积极组织研究和组织效能理论，本书从 MOCB 对参建方任务效率、项目集成两类直接产出及对实现重大工程项目管理目标（项目管理效能）的促进作用出发，提出 MOCB 的效能涌现假设，并采用结构方程模型的方法，得出以下结论：参建方实施的 MOCB 与重大工程项目管理效能涌现高度相关，其中，项目集成是 MOCB 实现效能涌现的关键环节，尤其是在未能实现项目集成的情况下，参建方实施的 MOCB 并不能带来自身任务效率的提升，对项目管理效能涌现的促进作用也会受到制约。

本书将组织行为学、积极组织研究、团队利他理论及其关联的制度理论和组织效能理论相结合，应用于研究重大工程中参建方的积极行为现象，识别了重大工程中参建方实施的 5 种组织公民行为，分析了 MOCB 的行为特征，从利他动机出发揭示了参建方实施 MOCB 的内部驱动，以及政府关联导致的动机复杂性，从制度环境的同构作用出发揭示了 MOCB 的外部驱动，研究成果有助于系统认知重大工程中参建方实施积极行为这一客观现象的表现形式与内部逻辑，以及外部环境促进 MOCB 不断涌现的制度逻辑；MOCB 对重大工程项目管理效能涌现的促进作用肯定了这一积极行为对项目管理的重要价值，指出了实现这一价值的关键环节和路径，从积极组织研究的视角揭示了重大工程项目管理效能损失的潜在根源。

本书研究成果得到了以下基金项目的资助和支持，包括国家自然科学基金面上项目（项目编号：71571137）：重大工程组织公民行为识别、动因与培育策略研究；国家自然科学基金青年项目（项目编号：71801083）：重大工程社会责任多元动机解构、双向演化及治理策略研究。

本书在写作过程中，得到了同济大学经济与管理学院、复杂工程管理研究院导师团队的大力支持和指导，在此表示衷心的感谢。同时，由于自身能力和水平有限，书中分析难免存在不足之处，敬请读者批评指正。

著　者

2019 年 1 月

目　　录

第 1 章　引言 1

 1.1　研究背景 1
  1.1.1　行业背景 1
  1.1.2　理论背景 4
 1.2　研究问题与相关概念界定 9
  1.2.1　研究问题 9
  1.2.2　相关概念界定 11
 1.3　研究综述 15
  1.3.1　研究逻辑与研究内容 15
  1.3.2　研究方法设计 18
  1.3.3　研究技术路线 22

第 2 章　文献综述与理论基础 23

 2.1　OCB 研究 23
  2.1.1　OCB 的维度及其发展趋势 23
  2.1.2　OCB 的动机、影响因素与效果研究 28
  2.1.3　高阶 OCB 研究——团队利他行为 30
 2.2　项目管理中积极行为的相关研究 32
  2.2.1　项目管理中 OCB 的相关研究 32
  2.2.2　项目管理参建方积极行为对绩效的影响 33
 2.3　重大工程积极行为研究 34
 2.4　理论基础 36
  2.4.1　积极组织研究 36
  2.4.2　团队利他理论 37
  2.4.3　制度理论 39
  2.4.4　组织效能理论 41
  2.4.5　相关理论的关联性分析 45

第3章 研究设计与过程 46
3.1 研究概述 46
3.2 研究问题甄选 47
3.2.1 行业专家访谈 47
3.2.2 访谈整理 51
3.2.3 研究问题优化 51
3.2.4 变量选择 52
3.3 质性研究 53
3.3.1 方法选择 53
3.3.2 研究过程 55
3.4 实地调研 57
3.4.1 问卷设计与变量测量 57
3.4.2 问卷可靠性分析 58
3.4.3 数据收集 58
3.4.4 样本特征分析 59
3.5 研究小结 63

第4章 重大工程组织公民行为的识别 64
4.1 研究概述 64
4.2 MOCB 识别的理论基础 66
4.2.1 OCB 研究的继承性 66
4.2.2 MOCB 识别的理论依据 66
4.3 重大工程的情境特征 68
4.3.1 重大工程的利益相关者角色的多样性 69
4.3.2 重大工程的政府主导特性 69
4.3.3 重大工程的跨组织社会网络特性 70
4.3.4 重大工程的高度不确定性 70
4.3.5 MOCB 的情境化属性假设 71
4.4 MOCB 的识别过程 72
4.4.1 MOCB 事例收集 72
4.4.2 MOCB 事例聚类分析 79
4.4.3 MOCB 聚类分析的可靠性验证——结构化专家访谈 79

- 4.5 MOCB 的多维度框架 83
  - 4.5.1 服从 83
  - 4.5.2 权变式协同 84
  - 4.5.3 尽责 84
  - 4.5.4 和谐关系维护 85
  - 4.5.5 首创性 85
- 4.6 MOCB 的情境依赖性 86
  - 4.6.1 MOCB 的情境化属性验证 86
  - 4.6.2 MOCB 的拓展性涌现特征分析 90
  - 4.6.3 MOCB 情境化属性分析 91
- 4.7 MOCB 测量可靠性验证 94
  - 4.7.1 MOCB 因子分析 94
  - 4.7.2 MOCB 测量的信度与效度分析 94
- 4.8 MOCB 的量化特征分析 97
  - 4.8.1 MOCB 的整体水平 97
  - 4.8.2 MOCB 表现的角色差异性 99
  - 4.8.3 参建方企业性质对 MOCB 的影响 102
- 4.9 研究小结 103

第 5 章 重大工程组织公民行为的内部驱动：利他动机 106

- 5.1 研究概述 106
- 5.2 MOCB 利他动机模型 107
- 5.3 假设提出 112
  - 5.3.1 重大工程参建方实施 MOCB 的动机 112
  - 5.3.2 重大工程政府关联的影响 113
- 5.4 研究方法 115
  - 5.4.1 变量测量 115
  - 5.4.2 样本选择与数据收集 117
- 5.5 分析与结果 118
  - 5.5.1 测量工具的信度与效度分析 118
  - 5.5.2 MOCB 利他动机的角色差异 121
  - 5.5.3 MOCB 与利他动机的关系验证 122

5.5.4 政府关联对参建方利他动机——MOCB 关系的影响验证 125
5.5.5 中介作用分析 126
5.6 结果讨论 127
5.6.1 MOCB 的利他动机及其驱动作用 128
5.6.2 政府关联对 MOCB 利他动机的影响 129
5.6.3 MOCB 利他动机的复杂性分析 131
5.7 研究结论与管理启示 132

第 6 章 重大工程组织公民行为的外部驱动：制度同构效应 134
6.1 研究概述 134
6.2 理论模型的构建 136
6.3 制度环境对 MOCB 的驱动作用 139
6.3.1 业主支持对驱动 MOCB 扩散的作用 139
6.3.2 制度同构要素对 MOCB 及业主支持的影响 141
6.3.3 关系型信任对制度同构效应驱动 MOCB 扩散的影响 146
6.4 研究变量测量 147
6.4.1 变量测量 147
6.4.2 样本选取与数据收集 149
6.5 分析与结果 150
6.5.1 测量工具的信度与效度分析 150
6.5.2 结构模型评价结果 151
6.5.3 业主支持与关系型信任的影响分析 154
6.6 结果讨论 154
6.6.1 MOCB 的制度同构效应 155
6.6.2 关系型信任对制度同构效应驱动 MOCB 的影响 159
6.7 研究结论与管理启示 160

第 7 章 重大工程组织公民行为的效果：效能涌现 163
7.1 研究概述 163
7.2 研究假设 165
7.2.1 MOCB 对项目管理效能的影响 165
7.2.2 MOCB 对参建方的任务效率的影响 167

  7.2.3 MOCB 对项目集成的影响 168
  7.2.4 项目集成对重大工程项目管理效能的影响 169
  7.2.5 参建方的任务效率对重大工程项目管理效能的影响 169
 7.3 问卷设计与变量测量 170
 7.4 分析与结果 172
  7.4.1 测量模型评估结果 172
  7.4.2 结构模型评价结果 174
  7.4.3 中介效应分析 176
 7.5 结果讨论 178
  7.5.1 MOCB 的效能涌现路径 179
  7.5.2 MOCB 效果的多重性 183
 7.6 研究结论与管理启示 184

第 8 章 结论与展望 189
 8.1 主要研究结论 189
 8.2 研究创新点 191
 8.3 研究不足与未来展望 193

附录 196
 附录 A 半结构化专家访谈提纲 196
 附录 B MOCB 问卷设计结构化访谈专家打分表 199
 附录 C 重大工程组织公民行为调查问卷 201
 附录 D 实地调研的项目清单与问卷分布 209
 附录 E MOCB 事例聚类举例——权变式协同（部分事例） 215
 附录 F 结构化访谈专家清单 218
 附录 G 基于 SmartPLS2.0M3 的中介效应检验过程 219
 附录 H 美国大型基础设施项目承建商 MOCB 事例访谈提纲 219

参考文献 221

第 1 章
引　言

1.1 研究背景

1.1.1 行业背景

重大工程在当前及未来相当长的时间都是我国社会经济发展的重要引擎。这类项目具有高度复杂性，其中，行为复杂性是一个重要的维度（Maylor et al.，2008；Xue et al.，2010）。一般情况下，按照合约，完成项目建设任务，实现各自利益最大化是参建方的常规做法和理性选择。通过对近年来我国实施的港珠澳大桥、南水北调、青藏铁路等重大工程项目管理实践的观察可知，这些巨大建设成就的取得，除了归因于我国特有的制度、体制优势及较强的工程建设能力外，还与业主方、施工方、设计方等众多参建方在建设过程中表现出的高度主观能动性与创造力、实施超出正常合约的建设行为高度相关，如在高温与寒冷等极端气候条件下坚持工作，主动投入更多的资源（时间、人力等），积极相互配合并自觉避免冲突，完成超出期望的项目交付等。这表明，参建方有时会做出一些积极的非理性行为，表现出高度的主观能动性和超出期望的绩效。2014年国际工程科技大会上，多位工程管理院士也指出，参建方这种超出合同范围的高度主观能动性和创造力是实现重大工程建设目标的关键因素[①]，这一点在文献中也得到了验证（Maier et al.，2014）。在组织理论中，这类现象被称为组织公民行为（Organizational Citizenship Behaviors，OCB）。OCB 是指组织中"自觉自愿地表现出来的、非直接或明显地不被正式报酬系统所认可的、能够从整体上提高组织效能的个体行为"（Organ，1988）。它并不是一种纯粹的"义务劳动"，而是为了提升未来潜在隐性价值而做出的一种角色外积极行为（Organ，1997）。这种行为无法在正常的职责和奖励系统进行事前约定，但整体上对组织效能（项目建设目标的实现）有积极作用（Organ，1997；Podsakoff et al.，2014），因此可以很好地描述上述重大工程参建方的积极行为。类似的现象在很多重大工程中都可以观察到。

案例 1：南水北调工程

2008 年 1 月，南水北调工程京石段应急供水 PCCP 管道安装遭遇了张坊输水管道改线抢工的重大障碍，工期异常紧迫，PCCP 项目部请中国水利水电第五工程局（简称水电五局）安装分局项目部来支援。这不是该项目部的分内工作，但当项目部接到抢工通知后，便立刻组织水电五局"青年突击队"投入到紧张的抢工中。突击队员在严寒中坚守了 40 多个小时，及时排解了困难（南水北调 PCCP 管道工程办公室，2008）。

案例 2：港珠澳大桥岛隧工程

该工程属于粤、港、澳三地投资，资金的审批手续烦琐且时间跨度较长，港、澳资金和广东省的资金都到位较晚。在这种情况下，人工岛公司工程部充分发挥主观能动性，协调和加强各施工单位的管理，使工程进展并没有因资金的问题受到影响，2010 年顺利完成既定工期计划，其中基槽挖泥这一重要节点更是提前 10 天完工；CB04 标的项目专家多次邀请 CB05 标、CB02 标等项目负责人一起

---

① 会议链接地址：http://www.icest2014.cae.cn/zindex.html。

对安装专项方案进行讨论和评审，CB05 标还援助了吊装设备。投标前他们是竞争关系，但在港珠澳大桥项目的实施过程中，他们互帮互助，在建设中不断交流探讨施工工艺和工法等（港珠澳大桥岛隧工程项目部，2014）。

可以看出，上述行为是为了帮助提高其他关联参建方的任务效率，并进一步促进所在重大工程的项目绩效，具有显著的利他属性和主动性，并非完全满足于传统的理性人假设。实际情况中，在合约已经签订的情况下，面对重大工程实施阶段的高度不确定性，业主方、施工方、设计方等众多参建方共同实施的高度主观能动性和创造力是提高项目管理效能的关键因素（Maier et al., 2014；Patanakul，2015）。上述重大工程管理实践表明，较之一般工程项目，参建方的 OCB 在解决重大工程中的创新、冲突、工期等战略性问题中的作用更加关键。

上海世博会、青藏铁路、港珠澳大桥等多个重大工程通过举办劳动竞赛激发参建方实施 OCB 也验证了这一点。立功竞赛是创造性劳动竞赛，由项目发起方（如上海世博会园区工程建设指挥部办公室、国务院南水北调工程建设委员会办公室）发起，中华全国总工会、各级政府和工会协助指导，对参建各方一定阶段内在安全、质量、进度、科技创新、环保节能、廉洁守法、和谐文明、服务保障和团结协作等关键任务上的表现进行评比（上海市总工会和上海世博会事务协调局，2012；港珠澳大桥网站，2011）。竞赛成果要优于正常工作下取得的成果，甚至能取得突破性进展（邓小聪，2011）。在这个过程中，参建方往往面对建设难题不畏难、不退缩，对建设任务精益求精、追求一流，在创新方面不断超越，同时不计得失、勇于担当、服从大局，作业过程中主动配合、无缝衔接、快速反应、相互协作（上海市总工会和上海世博会事务协调局，2012）。最终，获胜者可以得到多种精神奖励。例如，赢得南水北调某阶段立功竞赛的参建方可以得到由项目建设管理局统一颁发的奖状和奖牌，并在项目建设管理局网站上进行宣传；对于各阶段获得一等奖的设计单位、工程监理单位和施工单位由项目建设管理局致函获奖单位企业总部以资鼓励；对于多个阶段同时获得一等奖的单位由项目建设管理局推荐报请国务院南水北调办公室予以表彰（唐涛等，2013）。

上述重大工程项目的实践表明，参建方的建设行为中存在大量超出常规合约范围的、对实现项目建设目标有重要意义的利他现象，且参建方并不仅仅为了追求短期经济利益的最大化，其实施OCB的诉求具有利他属性。但上述相关案例仅仅限于个别项目的实践和探索，尚未上升到理论层面，无法为重大工程项目建设提供科学的决策参考。同时，传统项目管理实践对这类现象往往持怀疑态度，认为这类行为即使存在，也往往存在潜在的利益动机，或仅限于形式主义与作秀，无法对项目建设目标产生实质性影响。除了传统的经济手段，也不了解如何驱动这类利他诉求的积极行为在项目中持续有效地扩散，因此大部分重大工程项目实践中对此类行为的普遍规律缺乏系统的认识和认知，以至于相关行为难以在实践中得到普遍的重视。鉴于部分项目管理实践的积极尝试，当前中华全国总工会、各地重大工程项目管理办公室等业界代表机构也呼吁[①]，需要对类似行为开展理论层面的研究，使这种积极行为的涌现常态化。

1.1.2 理论背景

鉴于对合作、协同、项目集成交付等新兴项目管理实践和模式的研究，部分学者已经意识到项目管理中尤其是重大工程这类复杂项目中的OCB相关现象展开研究的必要性，相关研究逐渐开始涌现（Braun et al.，2013；Maier et al.，2014；Pournader et al.，2015）。Müller等（2014）的研究指出，参建方的行为并不一定完全遵守理性经济

---

① 中华全国总工会，2014年2月19日。

人的原则，在某些情况下，也会出现利他现象，只是还需要在研究中得到进一步的证实。但传统的项目管理理论从以理性经济人为前提的委托代理理论出发，往往认为建设行业中参建方实施某种行动主要是为了获得某种利己的经济利益，如足够多的利润，甚至机会主义，如偷工减料、腐败和串谋等牺牲项目利益获得私人利益的行为（Le et al.，2014）等，导致参建方之间充满了对抗和利益矛盾（Turner et al.，2003；Wang et al.，2006；Flyvbjerg，2014）。因此，对上述参建方实施的积极利他行为一直缺乏信任和系统的研究（Anvuur et al.，2012；Anvuur et al.，2015），导致项目管理中OCB研究整体上仍处于探索阶段，尚未发现重大工程这类复杂项目中参建方组织间的OCB研究。

与一般工程相比，重大工程建设周期长，具有高度的复杂性，建设过程存在大量的不确定因素，无论是技术上还是管理上都需要创新驱动（何继善，2013）；国际复杂项目管理中心（International Center of Complex Project Management，ICCPM）在2012年发布的《复杂项目管理：全球视角和2025年战略议程》中认为，传统项目管理方法中"可预见的、确定的、相对简单的和刚性规则的"模式已经无法适应复杂项目，因此必须提高组织适应复杂项目的能力。这意味着仅仅按照合同约定进行建设的常规模式难以保证建设目标的实现，而应充分发挥工程组织中人的主观能动性，提升人的价值（Gu et al.，2007；何继善，2013），即鼓励参建方主动做出大量的OCB，弥补合约固有的不完备性和项目不确定性之间的矛盾，提高重大工程项目组织的柔性与适应能力。

重大工程组织是一个复杂系统，参建方的行为复杂性是重要维度之一（Maylor et al.，2008）。政府的资源配置作用和不计成本代价的工期导向等政治因素对重大工程参建方的创新等类似OCB有重要影响（盛昭瀚等，2009），而吴敬琏则指出强势政府和海量投资并不是创造工程奇迹的唯一根源,重大工程涉及面广,同时受到多重因素的影响①,因此,参建方 OCB 具有政府和市场、自组织和他组织的多重复杂动因。重大工程参建方的多样性与异质性决定了每个参与主体的角色与立场不同甚至存在冲突,不同参建方的 OCB 表现具有差异性。重大工程建设是各个参建方相互合作与协同的跨界行为,个体、参建方、不同参建方之间的 OCB 呈现层次性特征且存在交互,这决定了重大工程组织公民行为(Organizational Citizenship Behaviors in Construction Megaprojects,MOCB)对整体组织效能可能产生更为复杂的涌现。

可见,MOCB 的复杂性已经超出了传统项目管理理论的范畴,必须用新的视角对这种积极行为进行系统考察。项目管理理论已有类似行为的碎片化研究,如合作行为(Xue et al.,2010)、协同行为(Alojairi et al.,2012),基于项目的组织中个体 OCB(Braun et al.,2013),一般项目团队 OCB(Aronson et al.,2013)等。但上述研究或聚焦一般项目和基于项目的组织,或专注于项目中的个体行为,而项目管理涵盖的范围过于宽泛和差异化,导致这些知识的适用性一直存在争议(Morris,2013)。重大工程作为当前经济发展和建筑行业的重要领域,且相对于个人,参建方的跨组织行为更为重要和普遍。同时,如前所述,当前重大工程行业实践中已经可以观察到大量参建方实施 OCB 的现象,但尚未发现从组织行为学角度出发对这类现象进行系统研究,如参建方的 OCB 有哪些具体表现和独特性特征、企业中关于 OCB 的研究成果是否适用于重大工程、政府主导的特性对重大工程参建方的 OCB 有哪些影响、参建方为什么会做出这种利他行为、背后的动机是什么、MOCB 实施过程中会受到哪些因素的影响、这种积极行为是否真正可以为重大工程项目管理创造积极的价值、等等相关问题更是缺乏深入的研究。

---

① 吴敬琏,2013 年 7 月 13 日。十八大后的中国改革,解放日报。

OCB 的研究最早源自组织理论中组织行为学（Organizational Behavior，OB）的发展成果，同时也属于新兴的包括积极组织学术（Positive Organization Scholarship，POS）和积极组织行为（Positive Organization Behavior，POB）在内的积极组织研究范畴，均倡导从组织中的积极行为视角出发，研究组织中的积极动力学对实现组织目标的贡献（Smith et al.，2005；Donaldson et al.，2010）。已有大量情境化的研究从 OCB 出发识别和考察了各个领域的积极组织行为（如 Farh et al.，2004；Podsakoff et al.，2014），这一研究趋势从理论上对上述实践中的类似现象展开研究提供了思路，其具体的探索性研究方法与过程也可为本书提供重要参考。

随着组织行为学和积极组织研究的发展，OCB 研究的层次逐渐由个体转向团队等高阶主体行为研究（Podsakoff et al.，2014）。团队利他理论认为，在团队等高阶层次，OCB 会同时受行为主体的内部动机与外部社会性因素的双重驱动（Salancik et al.，1978）。关于内部驱动，团队等高阶主体的 OCB 动机包括纯粹的利他和基于利己的利他两种（Li et al.，2014）。这种观点目前被用于解释复杂跨组织情境中的利他行为动机（Hu et al.，2015），有助于理解重大工程参建方实施 OCB 的内部驱动。关于外部驱动，团队利他理论认为，主要来自同行的压力、规范和强制等因素（Li et al.，2014）。根据制度理论可知，这些因素即为制度环境中的同构要素（Scott，2012），且当前项目管理领域已有关于制度同构要素的实证研究，为本书研究外部社会性因素驱动参建方 OCB 提供了更为直接的参考。制度理论认为，任何组织均处于广泛存在的制度环境中，制度环境通过同构过程对组织行为的传播和扩散产生至关重要的驱动作用，是从外部环境解释组织行为的关键要素（DiMaggio et al.，1983；Galaskiewicz et al.，1989）。项目管理领域中知名学者 Morris 出版的 *Reconstructing Project Management*（《再造项目管理》）一书认为，重大工程组织是一个复杂开放的社会网络和实践领域,从制度理论出发研究参建方的行为是再造项目管理理论的重要切入点(Morris,2013)。现有文献关于制度要素对参建方行为产生影响的研究可以为本书研究参建方 OCB 的外部驱动提供借鉴,但具体的影响路径和过程往往会受到 OCB 这种积极行为特性和重大工程情境因素的制约。结合其他领域对制度环境影响相关组织行为的考察可知,即使同样是一般工程项目中的其他行为在制度同构作用下也会呈现出不同的规律。如 Cao 等(2014)研究发现,制度中的强制性要素对当前工程项目中参建方的建筑信息模型(Building Information Modeling,BIM)应用行为会产生显著的同构影响,而 He 等(2016)的研究则表明,强制性要素并不能对建筑工人是否遵守安全规则的行为产生显著的同构作用。作为上述观点的补充和扩展,Scott(2012)认为,以往权变理论与资源依赖理论对制度环境的分析相对狭隘,仅仅关注政府和规制系统,忽略了同样重要的规范与文化认知系统,而后者对应的规范同构与模仿同构则应当是重大工程这类复杂项目重点关注的内容。考虑到重大工程的复杂情境,作为一类跨组织的高阶积极组织行为,重大工程 OCB 受到制度环境的影响也不能直接参考其他工程组织行为的研究结论,而需要结合关键情境要素和行为特征对相关理论成果进行拓展。OCB 的定义本身界定了这种行为对组织效能的积极意义,已有大量研究从不同视角出发验证了不同背景企业组织中的 OCB 对组织目标实现的重要意义。而当前组织效能理论的最新发展显示,组织理论中的积极组织研究为考察 OCB 的效能涌现提供了新视角(何清华等,2015)。OCB 作为一种积极行为可以为组织带来正向的积极偏差(Positive Deviation),从而促进组织效能的涌现。然而,企业与建设工程组织尤其是重大工程组织存在较大的情境差异,相关成果也需进行情境化研究(Müller et al.,2014)。

1.2 研究问题与相关概念界定

1.2.1 研究问题

鉴于上述背景，本书融合积极组织研究和组织行为学的最新发展，借鉴团队利他理论、制度理论和组织效能理论等关联理论观点，研究中国情境下重大工程这一特定领域中 OCB 的关键问题。根据团队利他理论观点，参建方的 OCB 会同时受到内外部的驱动。首先，内部驱动应为两类基于未来价值的利他动机：完全利他动机和基于利己的利他动机，且情境因素是影响动机变化的重要因素。因此，本书在探讨参建方 OCB 的内部驱动时也从上述两类动机出发，结合行业实践对具体的动机进行识别，并选取政府关联这一重大工程突出的情境因素进一步考察动机的动态变化。其次，外部驱动主要来自外部制度环境中的同构要素。根据制度理论，这种同构要素主要有强制性同构、制度模仿同构和制度规范同构。重大工程具有较高的社会嵌入性，较之一般的企业组织，参建方的行为更易受到外部制度环境的影响，有鉴于此，本书在探索参建方 OCB 的外部驱动作用时主要考察制度性同构要素对参建方 OCB 的影响。根据定义及团队利他理论的观点可知，OCB 无法被强制，强制性要素不应当是本书考察的重点。因此，本书仅考虑制度规范同构和制度模仿同构两种非强制性制度要素的驱动作用。根据组织效能理论的最新进展，OCB 作为一种积极行为，可以在组织中形成良性循环，在组织的不同部分之间形成良性交互和合力，为行为主体自身和整体组织目标的实现带来正向的积极偏差，进而影响组织效能的涌现。在重大工程高度不确定性的复杂情境中，参建方的 OCB 作为一种积极的跨组织行为对项目管理目标的实现可能会起到更为关键的作用。因此，本书考察参建方 OCB 的效果和价值时重点关注其对项目管理效能

（项目管理目标的实现程度）产生的涌现效应。在这个过程中，也考察参建方的OCB对项目集成和参建方任务效率的改进等项目管理过程的影响。为上述相关关键问题研究提供基础，需要首先明确和识别，在当前重大工程项目实践当中，参建方的行为究竟有哪些形式属于OCB。基于上述思路，作为一项探索性研究，本书采用质性研究、跨案例研究与实地调研等方法，围绕以下基本关键问题展开，包括重大工程参建方实施OCB的识别、行为的内外部驱动及其对重大工程项目管理的价值等主要研究问题，具体如下。

① MOCB的识别。在重大工程项目实践中，参建方实施的OCB有哪些具体表现形式？这些行为有哪些独特性？MOCB与企业中的OCB有哪些不同？业主方、施工方和设计方等关键参建方的OCB表现是否存在差异？

② MOCB的内部驱动。参建方为什么会做出这种利他行为？内在的动机是什么？这种行为动机在当前普遍由政府主导、国企参与的重大工程情境中又会产生哪些变化和特征？

③ MOCB的外部驱动。重大工程作为社会政治经济发展的重要角色，参建方的OCB会受到外部制度环境的广泛影响。在受到上述内部动机驱动的同时，外部制度环境又该如何驱动参建方实施更多的OCB，使得这种利他行为在重大工程组织中得以扩散和传播？在这一过程中，作为重大工程的首要责任承担者，业主方的行为会产生怎样的作用？传统工程文化中参建方之间建立在复杂关系网络基础上的关系型信任又可以发挥怎样的作用？

④ MOCB的效果，即对项目管理的价值。作为一种积极行为，参建方的OCB对于实现重大工程项目管理目标有什么价值和意义？对参建方自身的任务效率是否有直接的促进作用？作为一种跨组织行为，对参建方之间的集成又会产生哪些影响？如果参建方的OCB对重大工程项目管理目标有积极的效能涌现作用，这种效能涌现过

程是怎样的？又有哪些涌现路径？

1.2.2 相关概念界定

（1）重大工程相关概念

关于重大工程的界定，以往学者往往围绕投资规模展开讨论，但由于投资规模的界定，不同国家和地区、不同时期均存在比较大的差异，难以形成统一的标准。如美国联邦高速公路管理局将投资规模超过 5 亿美元的工程项目定义为重大工程，而英国学者则认为重大工程投资规模不应低于 10 亿美元（Davies et al., 2009; Flyvbjerg, 2014）。我国学者 Hu 等（2015）通过对重大工程这一概念的系统梳理，提出了应以所属国家或地区年度 GDP 的 0.01% 作为界定重大工程的动态标准。该方法将划分标准与项目所在地的国民生产总值相结合，综合考虑了重大工程界定标准的地域性差异和动态性。考虑到近年来我国的整体经济发展迅速、重大工程项目快速增加及地区经济发展水平的不均衡性，本书采用这一标准作为重大工程在投资规模方面的界定。

同时，不同类型的重大工程在技术等多方面存在差异从而导致固有的投资规模也存在差异，如高铁与水利工程等，导致投资规模缺乏可比性，以此作为界定重大工程的单一标准也会导致重大工程之间缺乏可比性，甚至遗漏部分重大工程项目。如青藏铁路二期工程从 2001 年动工历时 5 年，总投资为 330 亿元，与 2010 年开工的北京地铁 14 号线工程的 329 亿元在投资规模上基本持平，但前者的战略影响力远远超过后者；而南水北调工程总投资 4860 亿元，总工期 48 年（2002—2050 年），是我国投资最大、工期最长的水利工程，虽与青藏铁路同为我国第十个五年计划的"四大工程"项目，但两者的投资规模并不具有可比性。因此，在通过投资规模对重大工程进行界定的同时，应综合考虑项目对所在地区或国家社会经济发展的重要影响。

综上，本书将重大工程界定为整体投资规模较大（国家年度 GDP 占比不低于 0.01%），或具有较高的复杂性，较长的工期，参建方众多，对所在地区乃至国家的经济、技术、环境及居民生活有重要及广泛影响的基础设施工程。这类项目或为中央或地方政府直接投资发起的公共服务设施，或为社会资本投资和参与建设的大型复杂建设项目，均会对当地或国家的政治、经济、社会生活产生重大影响。

本书所述的重大工程组织是指由多方主体构成的特定群体，既包括政府机构等公权力部门，也包括投资主体、建设单位、勘察设计单位、施工单位、供货单位及专业咨询单位（如工程咨询、工程监理、招标代理）等工程建设参与主体，还包括社会公众等其他利益相关者及外部关联组织。

本书所述的参建方主要指代表关键企业和利益相关者参与重大工程项目实施过程的团队。其中，在进行行为识别的质性研究过程中，由于本书中 MOCB 这一概念旨在识别所有参建方 OCB 的共性特征，因此将所有参建方的 OCB 作为研究对象，具体见第 4 章的陈述；在实地调研中，限于重大工程参建方众多和数据可获得性，本书仅选择业主方、施工方、设计方 3 个关键参建方作为调研对象，简称重大工程参建方或参建方。

业主方：泛指业主及其委托的工程管理咨询单位（特指具有较大独立决策权的工程咨询单位，如甲方代理人等）。

施工方：包括施工总包、EPC 总包、专业分包及供货商（特指京沪高铁等项目中承担关键角色的专业分包或供货商）等参与施工建设的主要参建方。

设计方：包含业主委托的设计单位、设计顾问（特指港珠澳大桥等因重大技术突破或有特殊要求而委托的顾问单位）等参与项目设计及服务的关键参建方。

需要说明的是，本书对参建方的界定为团队层次，并不包含团队中仅代表个体意志的个人行为。Smith等（1995）认为，团队行为尤其是协同等跨组织行为在实际发生时会演化为管理者的个人行为，但他同时指出，鉴于代表团队意志行使决策权，管理者可以代表团队对团队的整体行为做出评价，这一点在实证研究中得到了普遍的应用（如 MacKenzie et al., 2011），为本书实地调研中应答者的选择提供了依据。进一步地，根据项目客观实践和相关文献可知（Smith et al., 1995），参建方尽管以团队形式参与项目建设，但在行为决策时会受到所属企业的显著甚至是决定性的影响，参建方的行为在一定程度甚至较大程度上也代表了所属企业的行为。对这一程度的清晰识别尚未在文献中发现有可供借鉴的观点和依据，因此，本书对此不做区分。这也是本书将研究对象界定为参建方，而不是直接界定为项目团队的主要原因。

（2）组织公民行为（OCB）

公民行为源自组织中"想要合作的意愿"和"超越角色要求的、有助于实现组织目标的创新及自发行为"（Barnard, 1938; Katz et al., 1978）。其中，Katz等（1978）的研究认为，一个组织的正常运行，组织成员的行为必须符合以下3个条件：①成员必须被组织吸引，愿意留在组织内为组织工作；②成员必须完成角色内的工作任务；③成员必须表现出超越角色规定的主动创新行为。如果员工只有第一种行为和第二种行为，组织会是一个不稳定的脆弱系统，组织效能与第三种超越岗位要求的创新性、自发活动高度相关，这是早期关于OCB的阐述。

Organ是最早正式提出OCB概念的学者，他在Katz等学者的研究基础上，将OCB定义为"自觉自愿地表现出来的、非直接或明显地不被正式报酬系统所认可的、能够从整体上提高组织效能的个体行为"（Organ, 1988）。由于自发性和不被正式报酬系统认可的特性存在争议和角色边界的模糊性（Morrison，1994；Podaskoff et al.，1994），OCB的定义被修正为"能够对组织的社会和心理环境产生维持和改进作用从而提高任务绩效的行为"，它是"能够改善他人或集体福利的利他行为"（Organ，1997）。与OCB相关的概念还包括亲社会行为（Prosocial Behaviors）（Brief et al.，1986；Moorman et al.，1995）、利他行为（Altrisitic Behaviors）（Krebs，1970；Gintis et al.，2003；Li et al.，2014）、自愿行为（Voluntary or Discretionary Behaviors）（Organ，1988）甚至非正式的合作行为（Informal Cooperation）（Smith et al.，1995）等多种术语。这些术语在严格意义上定义不尽相同甚至存在相互包含的关系，如有学者认为OCB仅是亲社会行为的一种（Mark et al.，2016），但传统意义上，尤其是团队等高阶层次，多数学者普遍认为这些概念与OCB是同义的（Organ，1988；Nowak，2006；Rubin et al.，2013）。因此，本书对此不做区分，对文献中有关概念的引用和分析也统称为OCB。

可以看出，最早的OCB概念是社会交换理论和社会认同理论的产物，即是基于员工与组织之间的交换关系和组织认同产生的。OCB并不是一种纯粹的"义务劳动"，而是一种为了提升未来潜在隐性价值而做出的行为，比合同中正式规定的行为具有更高的自愿性和回报风险，并且对他人或组织效能具有长期的促进作用（Organ，1997；Li et al.，2014）。本书经过整理，对OCB这一概念的内涵发展进行了梳理，见图1.1。

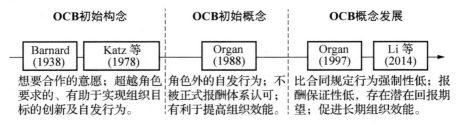

图1.1 OCB概念的内涵发展

最新研究认为，OCB 不仅源自组织行为学，还与积极组织学术和积极组织行为等当前新兴的积极组织研究密切相关（Cameron et al., 2011）。这些理论倡导从组织中的积极状态、特质及其积极行为视角出发，研究组织中的积极动力学对实现组织目标的贡献（Smith et al., 2005）。因此，OCB 具有积极组织行为的属性，也属于积极组织研究的范畴（Cameron et al., 2011）。

根据上述内涵和定义，本书的 MOCB 是指重大工程中参建方实施的 OCB，用以描述重大工程中参建方实施的未被直接或明确地纳入正式合同或制度范围但整体上有助于实现工程建设目标的积极行为。

1.3 研究综述

1.3.1 研究逻辑与研究内容

（1）研究逻辑

本书研究对象为重大工程中参建方实施的 OCB，即 MOCB，研究范围为重大工程立项之后到项目完全交付之间的实施过程。本书的研究逻辑在于：重大工程参建方的 OCB 现象较为复杂且不属于传统的项目管理范畴，涉及重大工程项目内外部环境及参建方自身等多方面的因素，作为一项探索性研究，从行为现象识别出发，也即从重大工程项目客观实践出发，可以清晰地界定研究对象，确保研究问题源自重大工程项目实践，并与之实现良好的映射关系，有助于从理论研究回归和指导项目实践；从动机出发可以解释参建方实施这种积极行为的内部驱动和可重复发生特性；从制度理论出发，可以充分体现重大工程的社会嵌入性特征，便于理清影响 MOCB 这一积极行为不断扩散的关键外部驱动因素（Bresnen，2016）。在考察内外部驱动的过程中，也不能忽略重大工程关键情境因素在上述路径中的重要作用，如参建方的角色差异、政府关联、业主的角色、参建方之间基于非正式关系建立的信任等关键情境因素（根据半结构化专家访谈结果识别）。通过研究 MOCB 的项目管理效能涌现效应，可以充分体现这一现象对项目实践的客观价值和重要性，也是研究价值的重要体现。因此，本书研究内容的逻辑关系如下。

① MOCB 的识别：基于重大工程项目理论和实践定义和界定研究对象。

② MOCB 的特征分析：基于书本演绎分析和实地调研描述研究对象的特征。

③ MOCB 的内部驱动，即利他动机。

④ MOCB 的外部驱动，即制度同构效应研究。

⑤ MOCB 的效果，即项目管理效能涌现研究。

上述研究内容的逻辑关系见图1.2。

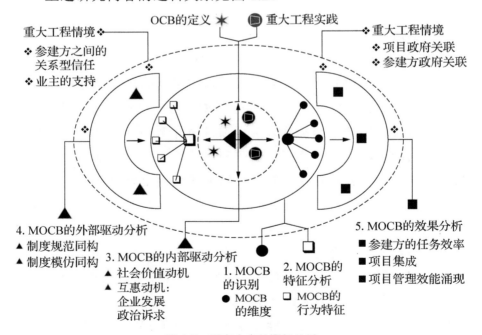

图1.2　研究内容的逻辑关系

（2）研究内容

基于图1.2所示的研究内容的逻辑关系，具体开展以下5个方面的研究。

① MOCB 的识别。基于 OCB 的定义，结合实地调研，在专家访谈和大量重大工程项目实践中 OCB 现象和事例收集的基础上，采用归纳与演绎相结合的方法，识别 MOCB 的重要表现形式，并结合上述重大工程情境特征的潜在影响，分析参建方 OCB 的内容涌现。同时，在专家访谈中就初步拟定的研究问题征求专家意见和建议，据此优化研究问题设计。

② MOCB 的特征分析。结合 MOCB 的表现形式、内容涌现与行业调研数据，从 MOCB 的总体表现水平、跨组织网络特性、网络关系导向、多元化特征、参建方角色差异性这5个方面来描述 MOCB 的行业现状与特征。

③ MOCB 的内部驱动分析，即 MOCB 的利他动机识别与验证。识别重大工程情境特征影响下参建方实施 OCB 的动机类别与具体内容，并分析重大工程中普遍存在的政府关系这一情境因素对 MOCB 动机的影响。基于团队利他理论可知，参建方这一高阶行为主体在实施 OCB 的过程中，一方面受到利他动机的内部驱动，另一方面还受到外部社会环境的驱动，而这两类驱动因素的具体内容均与重大工程项目实践的具体特性相关联，也需要结合客观现实加以识别；结合相关文献，采用专家访谈法对动机进行识别，得到 MOCB 的两种动机：社会价值动机和互惠动机（包括企业发展和政治诉求两种类别）；鉴于重大工程的政府主导特性，在这一过程中同时考察了参建方和项目自身存在的政府关联这一突出情境对上述动机驱动过程的影响，以此分析 MOCB 内部驱动的复杂性特征。

④ MOCB 的外部驱动分析，即基于制度同构效应的 MOCB 扩散机制研究。根据团队利他理论对 OCB 外部驱动的描述，外部社会环境对 MOCB 的驱动作用需借鉴制度理论中关于制度同构效应的观点，从具体的制度要素出发构建研究模型。鉴于 MOCB 不可强制，

因此，该模型仅考虑制度模仿同构和制度规范同构两类制度要素，考虑到重大工程利益相关者的角色多样性和跨组织网络关系等情境特征及制度要素扩散过程中网络关系信任所起到的关键作用，从中提炼了业主的支持和（参建方之间的）关系型信任两个变量来反映外部制度要素如何实现对参建方 MOCB 的驱动。

⑤ MOCB 的效果分析，即 MOCB 对实现重大工程项目管理目标（项目管理效能涌现）的促进作用。通过内部逻辑与外部扩散机制充分认识 MOCB 的关键驱动因素之后，本部分继续考察 MOCB 这一积极行为的效果，即 MOCB 是否可以为重大工程项目管理目标的实现带来切实的价值。借鉴积极组织研究和组织效能理论，构建 MOCB 效能涌现的理论模型。在这一研究过程中，首先应重视 MOCB 对参建方自身的影响，同时考虑到重大工程的跨组织社会网络特性，以及团队利他理论和积极组织研究均认为高阶 OCB 的重要结果之一为行为主体间的集成这一观点，因此提取了参建方的任务效率和项目集成两个变量，来综合评价 MOCB 对参建方自身、项目内部环境及项目整体管理目标实现的价值体现。

1.3.2 研究方法设计

本书作为重大工程这一复杂社会领域的探索性研究，涉及多种研究理论与方法的交互使用，研究内容多，过程漫长，研究过程需严格遵守学术研究的规范性和可操作性。因此，需要在不同的研究层次上明确研究设计的关键要点和实施策略，即作者需要设计研究思路、甄选研究方法、确定研究策略、拟定研究计划及相应的数据分析与处理技术（Saunders et al.，2008；孟晓华，2014）。其中，Saunders 等（2008）将这一研究设计过程用洋葱图来示意，后续很多学者（赵康，2008；孟晓华，2014）结合各自情况对洋葱图进行了不同程度的改进和演绎。本书借鉴孟晓华（2014）和 Yin（1989）的建议，形成了本书的研究方法设计思路，如图 1.3 所示。

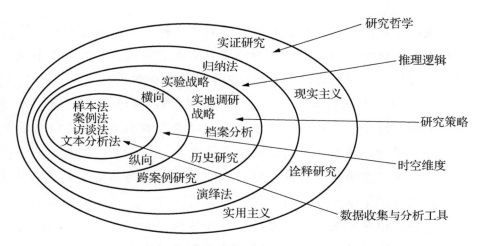

图1.3 研究方法设计思路

（资料来源：Yin，1989；Saunders et al.，2008；孟晓华，2014）

（1）研究哲学与推理逻辑

本书主要为客观中立的实证研究，目的在于从实践中的客观现象出发识别当前重大工程参建方实施的OCB，并研究这一行为的特征、内部驱动与外部驱动、对项目管理目标的积极价值等关键问题。在理论框架设计过程中，主要以组织行为学、积极组织研究、团队利他理论、制度理论等社会学理论成果为基础进行跨学科研究，运用归纳与演绎相结合的跨案例研究方法及数据分析与质性文本分析相结合的双向实证过程，注重研究的系统性逻辑关系，努力实现立足跨学科研究方面的理论创新。在大量文献阅读与梳理的基础上，掌握OCB研究和重大工程领域一线实践专家关于参建方OCB的观点和实践特征，尤其是OCB等相关理论研究的发展历程与最新视角，整合不同理论之间的互补性与方向性，汲取最为贴合我国文化情境下重大工程实践的观点与依据，结合当前我国重大工程领域的客观现实，形成MOCB的理论观点。

在研究框架设计过程中，采用文献综述和行业专家访谈的方法，重视理论与行业现状的结合，首先基于文献综述提出理论框架设计和问题清单，然后通过行业专家访谈对理论框架设计进行修订，进而凝练和深化研究问题中切实影响项目实践的关键点，形成本书最终的研究框架，避免理论研究与重大工程实践的脱节。

在对 MOCB 进行识别的过程中，按照探索性研究逻辑，采用归纳与演绎相结合的质性研究方法，通过理论归纳和演绎提出行为现象的基本轮廓，重点通过跨案例研究的文本分析，采用事例归纳法为上述理论轮廓提供具体的内容与实践支撑。为提高初始研究的可靠性，也采用了学术专家访谈与行业调研的方法，对形成的行为测量工具进行信度和效度的反复检验，在达到行为识别目标的同时逐步得到 MOCB 的测量工具。鉴于探索性研究的坚实基础，在后续关于行为内外部驱动与行为效能涌现的研究中，除部分沿用了初始阶段的研究素材（如专家访谈对行为动机的识别）和测量工具之外，统一采用了实地调研和演绎法，即基于相关理论首先提出假设，再通过实地调研在行业实践中搜集相关数据，验证假设继而得到研究结论。

（2）研究策略与时空维度

在研究策略方面，本书采用跨案例研究和实地调研相结合的研究策略，质性研究与数据定量分析相结合。尽管跨案例研究覆盖了 2001 年至今这一时间段内的多个重大工程项目，但本书在时空维度上整体属于横向静态研究，侧重于揭示特定对象的潜在规律，采用重大工程领域项目实践的横切面数据，从个案到一般地定性识别行为现象，量化分析内部动机、外部制度环境等因素对 MOCB 的驱动作用，以及 MOCB 对重大工程的重要价值。

（3）数据收集与分析工具

本书综合一手与二手数据，以文本分析、统计回归分析、专家访谈、跨案例研究等为主要分析工具。

MOCB 的识别综合采用了二手数据中的文本分析、专家访谈、跨案例研究等质性研究方法。在理论研究的基础上，针对重大工程情境特征及其对 MOCB 的潜在影响，遵从"文献阅读—半结构化专家访谈—事例收集—文本聚类分析—结构化专家访谈—可靠性验证"等一系列规范的探索性研究步骤，对 MOCB 进行识别，并形成测量工具。上述过程多次循环往复，在文献阅读中发现现象的本质和方向，在事例收集中加深对文献理论观点的理解，再通过文献阅读来修正事例收集的依据、方法与手段，不断完善研究过程。事例收集主要来自公开资源，选择典型的重大工程项目为收集对象，收集渠道包括出版书籍、报纸、网络（项目网站）、项目纪实报告、专家举例等，尽可能收集相关项目中多主体、多角色、多阶段的行为现象，覆盖主要的重大工程项目类型，所有文本信息均为公开且可重复核查的信息，使得研究过程和结果具有可靠性和可复制性。

对 MOCB 现状特征的分析，则结合上一阶段的质性研究和行业调研的一手数据从定性推理和数据分析两个角度进行综合评价，其中，数据分析部分主要采用测量工具验证过程中常用的信度与效度检验及结构模型测量。在行业调研过程中，为弥补重大工程样本量和调研渠道的限制，并考虑到研究问题的抽象性，主要选择上一阶段被访专家推荐或关联的项目，便于进行概念培训和开展调研，确保数据收集的有效性。

对 MOCB 的内部动机、外部制度环境影响及其效能涌现效应的分析则主要采用社会学中常用的统计学研究方法，包括层次回归分析（Hierachical Regression Analysis）和适用于小样本数据分析的、结构方程模型中的偏最小二乘法（Partial Least Square Structure Equation Modeling，PLS-SEM）。限于数据收集的客观困难，所有数据均来自统一的行业调研，不再重复调研。

1.3.3 研究技术路线

结合上述研究逻辑与研究方法选择,本书的技术路线见图1.4。

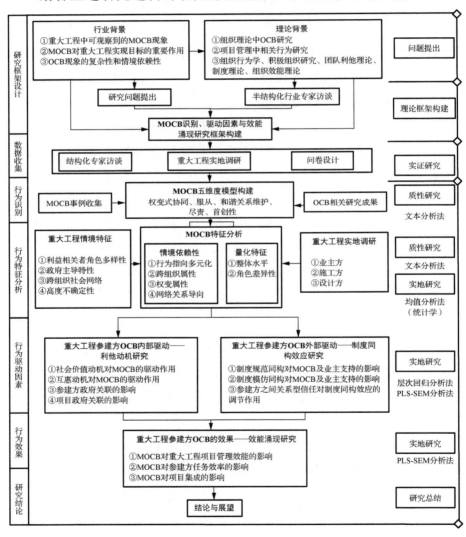

图1.4 技术路线

第 2 章
文献综述与理论基础

2.1 OCB 研究

2.1.1 OCB 的维度及其发展趋势

Smith 等（1983）最早认为 OCB 应该是组织中的利他和尽责行为，后来 Organ（1988）将其发展为利他、公民道德、运动家精神、个体首创性、善意提醒 5 个维度，成为引用最多的观点。Van 等（1994）对上述内涵的完整性提出了质疑，并从政治哲学理论出发，认为 OCB 还应包括组织忠诚、组织参与（包括职责参与、社会参与、拥护参与等）、组织服从等新维度。基于 Organ（1988）和 Van 等（1994）的成果，结合 OCB 的本质特征，很多学者分别从不同视角对以上维度进行了不同程度的发展。例如，George 等（1992）认为 OCB 还应包括建言行为和自我发展，其中建言行为来自 Organ（1988）提出的个体首创性，自我发展则来自图 1.1 中 Katz 等（1978）提出的公民行为初始构念。Podsakoff 等（2000）对已有研究进行梳理，将内涵相近的组织参与与公民道德合并为公民道德，将善意、利他、帮助等合并为帮助，总结得到西方文化背景中 OCB 的 7 个主要维度：帮助、运动家精神、组织忠诚、组织服从、个体首创性、公民道德、自我发展。Farh 等（2004）在西方研究成果的基础上发现了 OCB 在中国文化背景下独有的维度：保护公司资源、关系和谐。Braun 等（2012）创新性地提出了适用于临时组织情境的项目公民行为

（Project Citizenship Behavior，PCB），包括帮助、首创性、项目忠诚、项目服从、关系维护5个维度。本书对已有学者关于OCB维度的文献进行了梳理，具体见表2.1。

尽管存在多种观点，但在过去的30多年中，合作与互助行为始终是OCB概念的核心理论基础（Rubin et al.，2013）。很多学者的观点均来自OCB核心维度的演变。经过文献整理和分析，OCB维度间的关系及其内涵的演变如图2.1所示。可以看出，关于OCB的维度还缺乏统一的认识，目前文献中提及最多的包括帮助、忠诚、服从、公民道德、首创性、关系维护、建言、尽责等，而原始构念中包括的合作、创新等维度则逐步被忽略。这主要是由于OCB在不同情境中有不同的表现，而绝大部分已有研究是在西方文化背景中的永久性组织个体层次展开的，较少关注情境对概念内涵的影响，如在重大工程情境中，协同合作等相关行为应当是OCB的重要内容。

由于整体上有助于组织效能的实现，OCB已经成为组织理论研究的热点之一（Podsakoff et al.，2014）。当前OCB的研究已经开始向各个领域拓展，出现了顾客公民行为、安全公民行为、旅游公民行为、高校教师公民行为等（何清华等，2015），用于研究特定领域中的积极角色外行为，为研究重大工程中参建方实施的积极行为提供了基础。Organ（1988）指出，OCB包含个体（Individual）、团队/群体（Team/Group）、组织（Organizational）三个层次，而上述研究均为个体层次研究。当前，已有学者呼吁关注团队等更高阶层次（Higher Level）的OCB研究（Podsakoff et al.，2014）。OCB只有上升到更高层次，才能对组织及其行为对象产生有意义的价值（Organ，1997）。鉴于个体层次的OCB研究已经非常成熟，团队层次及更高阶的研究将是下一步研究的主要方向，而且很多个体层次的研究结论需要在团队等高阶研究中进行验证（Chen et al.，2005；Podskaoff et al.，2014；Li et al.，2014；Hu et al.，2015）；OCB研究领域已经开始从一般的永久性组织开始向临时性组织（Blatt，2008）、基于项目的组织（Braun et al.，2012；Braun et al.，2013；Ferreira et al.，2013）等组织形式，以及高校（DiPaola et al.，2005）、一般项目管理（Anvuur et al.，2012；Anvuur et al.，2015）等特定领域和情境扩展，整体发展趋势见图2.2。

第 2 章 文献综述与理论基础　25

表 2.1　代表性文献中的 OCB 维度

相关文献	帮助	善意	组织忠诚	公民道德	个人首创性	组织服从	项目服从	关系维护	保持和谐	运动家精神	建言	尽责	自发合作	自我发展	奉献	维度数量
Smith et al., 1983	✓					✓										2
Organ, 1988	✓	✓		✓						✓		✓				5
Graham, 1986	✓		✓		✓							✓				4
Graham, 1991	✓		✓	✓		✓										4
George et al., 1992	✓		✓	✓	✓						✓			✓		6
Borman et al., 1993	✓		✓	✓	✓	✓					✓	✓	✓			8
Van Scotter et al., 1996	✓				✓			✓		✓		✓	✓		✓	7
Podsakoff et al., 1990	✓				✓					✓		✓	✓			4
MacKenzie et al., 1991	✓							✓								2
Moorman et al., 1995	✓				✓					✓						3
Podsakoff et al., 1997	✓			✓		✓					✓	✓		✓		6
Van et al., 1994			✓	✓	✓						✓	✓		✓	✓	7
Farh et al., 2004	✓		✓	✓	✓				✓					✓		5
Braun et al., 2012	✓		✓		✓		✓	✓								—
文献合计	11	1	8	7	7	5	1	3	1	5	4	5	3	3	1	—

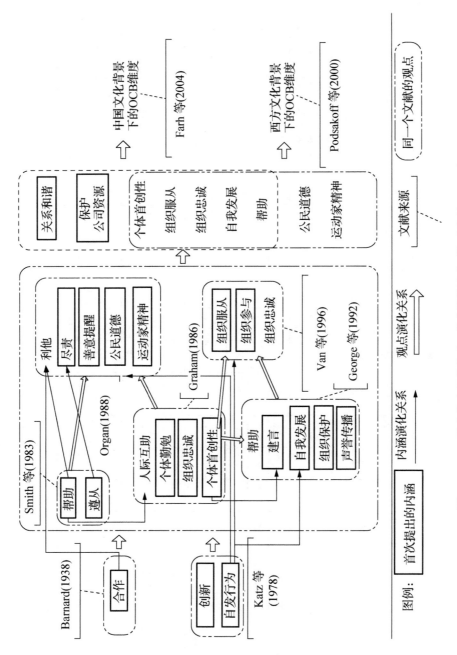

图 2.1 OCB 核心维度间的关系及其内涵的演变（何清华等，2015）

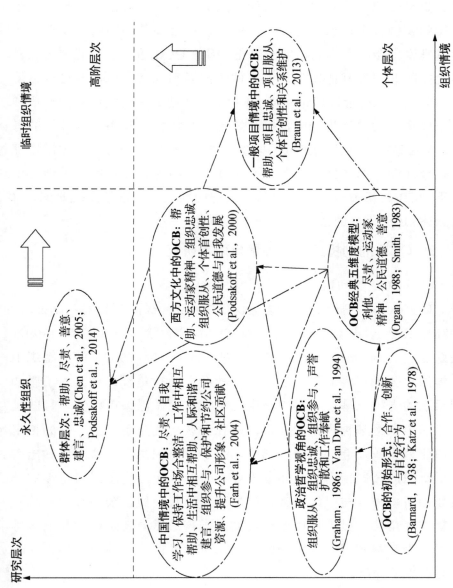

图 2.2 OCB 研究的发展趋势

由上述分析可以看出,组织行为学中已有大量关于 OCB 的研究,相关定义强调行为对他人或组织带来的好处,目前被用于分析多个领域的积极行为现象,且在不同的情境中有多种不同的表现形式,具体维度也会产生不同程度的演化。因此 OCB 适用于描述重大工程参建方的非理性利他现象,但具体的内涵和维度表现需要进行情境化的研究。项目管理理论对 OCB 相关现象已有关注,但多为一般项目个体层次的碎片化研究,同时缺乏对情境特征和角色差异性的考察,无法系统地对重大工程不同参建方的 OCB 表现形式和关键特征进行全面深入的认知。因此,有必要借鉴组织行为学等相关理论中关于 OCB 的相关理论成果对重大工程的利他行为进行系统研究,也与上述 OCB 研究的最新发展趋势相吻合。

2.1.2 OCB 的动机、影响因素与效果研究

(1) OCB 的动机

研究认为,理论上,社会交换(Bateman et al.,1983;Organ,1988)、社会认同(Chattopadhyay,1999)、印象管理((Bolino,1999)、关系管理(Bateman et al.,1983;Settoon et al.,2002)等是组织中个体做出公民行为的主要动因。从社会交换视角看,员工由于感知到组织的支持,基于对组织产生的信任自愿做出公民行为,目的是从组织中获得某种模糊的回报;从社会认同视角看,员工因为把组织内化为自我社会身份的一部分,基于对组织身份的认同而做出有益于组织的公民行为;从印象管理视角看,员工为了获得持续的升迁和加薪,需要与组织保持持续的关系,从而做出公民行为;从关系管理视角看,员工可以通过提高对同事的需要表示同情和响应等公民行为来与同事保持积极的关系。可以看出,上述研究均为基于个体层次的分析。

（2）OCB 的影响因素

OCB 的影响因素可以归纳为个体特征、任务特征、组织特征和领导行为四大类（Podsakoff et al.，2000；张永军等，2010）。个体特征方面的因素包括情感因素和个性因素两类，情感因素包括员工满意度、组织承诺、公平感知和领导支持感知等，个性因素包括宜人性、责任心、积极/消极情感特质等。任务特征包括任务反馈、任务常规化和任务满意度。组织特征包括组织形式、组织稳定性、组织公平感、员工支持、群体协同性、感知组织支持等。领导行为包括领导风格、领导角色及领导—成员交换关系等。显然，上述个体层次成果也无法为本书的研究提供直接的参考和支持。

（3）OCB 的效果

OCB 对团队绩效、公司财务、组织发展和组织成功等组织效能的各个维度都有积极的促进作用（Podsakoff et al.，2014）。OCB 对组织效能的积极作用已经得到了普遍的认可，但在不同的研究中具体的影响程度与影响路径还存在较大的差异。关于 OCB 影响组织效能的过程黑箱和边界条件仍需要进一步的探索和研究，这主要是因为在不同情境下，OCB 影响效能的中介与调节变量存在多元性，受到情境因素的影响，影响程度也不尽相同，无法得到一致性的结论（Podsakoff et al.，2014）。如快餐业的研究表明（Bienstock et al.，2003），员工 OCB 促进组织效能的过程并不完全依赖于 OCB 是否可以为员工自身任务绩效带来积极的改善；而 MacKenzie et al.（2011）的研究则指出，任务绩效的优化是 OCB 促进企业利润，提高销售业绩及降低员工离职率等效能指标的唯一路径。因此，当前学者普遍认为研究的重点应当考察 OCB 在不同情境中究竟可以通过哪些路径促进效能涌现，打破效能涌现的黑箱，为潜在的效能损失寻找合理的解释，进而为不同领域中的组织管理提供具有可操作性的策略依据。如任务情境的虚拟性、任务依赖性等情境因素的影响（Podsakoff et al., 2014），尤其是高阶 OCB 的效果更有待实证验证。

上述成果较为系统地呈现了个体层次 OCB 研究的理论与知识体系，对应成果已经较为成熟，可以为本书在概念选择、行为认知、研究方向设计等方面提供可靠的理论基础支撑。而研究层次的单一性同时也导致了上述成果难以对本书具体研究发挥更大的参考价值，反过来这也为本书在此基础上的理论创新提供了空间。

2.1.3 高阶 OCB 研究——团队利他行为

根据研究趋势分析可知，高阶 OCB 研究已逐渐成为研究的重点和最新方向。高阶 OCB 的研究主要体现在团队或群体层次（Podskaoff et al.，2014），并泛指一切个体层次以外的高阶研究，如企业联盟中的跨组织 OCB（Raelin et al.，2014；Anvuur et al.，2015），其中，团队利他行为是这一趋势下的最新理论成果。

团队利他行为包括相互依赖性、自愿的利他行动、自我牺牲等元素，且这种行为并不被中央权威或正式的制裁机构授权（Li et al.，2014）。可以看出，在团队等高阶层次，（非正式）合作、自愿行为及利他均与 OCB 同义（Li et al.，2014）。利他描述的是对他人带来好处或自我牺牲的原则或惯例（Krebs，1970；Fehr et al.，2003）。利他行为可以被多种不同的动机驱动，这些动机或多或少有真正的利他成分，即并没有必要要求利他行为背后的动机是明显的自我牺牲和完全指向他人的属性，因为利他行为的动机应当是利他行为的前因而不是行为本身（Li et al.，2014）。本质上讲，利他行为包括两个基本特征，即提高他人的福利和自我牺牲（比如放弃自己的时间和资源等），且团队利他行为需要多个参与方的努力相互协同并彼此共同采取利他的行动。这种集体特征使得团队利他现象有别于发生在团队内部及非团队情境中的个体利他行为（Li et al.，2014）。团队任务是相互依赖的，为了避免冗余和混乱，每一方都必须根据彼此将会提供的协助内容和时机来协同各自的行动（Lilius et al., 2012）。这种多个团队对相互协同的贡献构成了团队利他的重要内容，因为每一方都将他们的帮助行为以一种相互依赖的方式进行协同和集成。团队之间的利他行为在最低的利己层次也必须实现团队之间的协同，而在更高程度的完全利他动机中，团队之间的利他行为更需要体现协同性。因此，团队层次利他行为的存在一定程度上就是观察到的团队相互协同的利他行动程度（Li et al., 2014）。

由于利他行为涉及的行动对于行为主体而言都是有成本的，所以他们不可能是自发的，需要有一定的动机来驱动（Li et al., 2014）。关于高阶利他行为的动机，在较高层次上，几乎所有团队行动都可以描述为一个连续序列，从完全利己逐渐过渡发展到完全利他，中间过程利己和利他成分同时共存。因此，团队利他行为需要根据行为的动机进行分类（Li et al., 2014）。Li et al.（2014）进一步指出，团队利他行为的动机主要有两大特征。第一个特征，根据定义，团队利他总是同时由多个有不同动机的行动者发起并实施，动机不唯一。第二个特征，团队利他动机是动态的，团队利他行为随着时间的推移会在完全利他的亲社会动机（Prosocial Motivation）与包含一定利己成分的利他动机（如互惠、印象管理）之间切换。人际关系相关的活动也是团队利他行为最重要的组成部分，人际关系导向及团队外部导向的利他行为中亲社会动机会更加强烈。当前，上述观点已被多位学者引用，并在实证研究中加以验证（如 Hu et al., 2015）。

在实施利他行为的过程中，参与方可能担任不同的角色，并且相互影响，如某些参与方以非正式的领导者身份来发起团队利他行为，而其他参与方则属于从属角色（Crawford et al., 2013）。在动机驱动过程中，要有一个或更多的行为主体来有目的地发起第一步，然后发动所有团队做出利他行为（Grant et al., 2012）。比如重大工程中业主方的发动作用很关键；或者某一方偶然地帮助了另一方，就有可能启动了团队利他行为的良性循环并促使其不断扩散（Walker，2004；Wilson，2002）。这一扩散过程也会受到外部社会因素的影响（Li et al.，2014）。

团队利他行为的理论成果可以为本书的研究提供重要理论依据。利他行为（高阶OCB）的本质与内涵可以帮助本书正确理解参建方这一高阶主体OCB的维度演化特征，准确识别项目实践中的相关现象特征和内容涌现，如个体帮助与团队间协同的差异、人际关系导向等；关于动机的多元性、不同动机的利他成分分析及外部社会性因素驱动团队利他行为扩散等观点，为本书识别和验证重大工程参建方OCB内外部驱动提供了基础；利他行为发生过程中不同行为主体的角色与功能差异，则有助于本书研究业主在外部环境驱动参建方OCB不断扩散过程中的关键作用提供理论依据。

2.2 项目管理中积极行为的相关研究

2.2.1 项目管理中OCB的相关研究

OCB在项目管理领域中的研究尽管尚未形成体系，但对相关行为现象的关注却呈现出不断增加的趋势（Xue et al.，2010；Bakker，2010）。工程建设项目中普遍存在角色外行为（Phua，2004），项目决策者并非都满足代理理论中理性经济人的假设，参建方为了承担责任和保全组织或社会的整体利益，自觉灵活地保持协同的行为是项目管理的核心内容之一，他们会权变地做出亲社会行为（OCB）（Müller et al.，2015）。这种行为带来的情境绩效与任务绩效同样是项目管理绩效的重要组成部分（Ahadzie et al.，2008）。

已有研究表明，合作、协同、互助、关系维护、奉献尽责、服从等多种类似OCB的行为在项目组织中广泛存在。例如，有学者认为，项目合作行为应包括 OCB 和服从行为①（Anvuur et al.，2011；Anvuur et al.，2015）；而参与方之间的相互帮助和协同是影响项目合作质量的关键（Dietrich et al.，2010）；其中，协同行为源自任务网络与项目管理之间的依存性和交互性（Alojairi et al.，2012），且具有权变特性（Brocke et al.，2015）。兄弟般的长期关系维护是中国项目管理中的关键要素（Wang et al.，2006），已有成熟的量化测量工具被广泛用于实证研究（Mazur et al.，2015）；Xing 等（2009）则描述了北京奥组委中普遍存在的奉献与尽责行为。而 OCB 在项目中的普遍性和重要意义也得到了多方的验证（Aronson et al.，2006；Aronson et al.，2009；Aronson et al.，2013；Anvuur et al.，2015）。

通过情境化处理，公民行为首次被引入项目管理领域是在个体层次，包括项目服从、关系维护、个体首创性、项目忠诚、基于项目的帮助 5 种行为（Braun et al.，2012），但该研究一方面仍为个体层次研究，另一方面，研究对象为一般意义上的项目，即基于项目的组织，如 IT 企业、影视制作公司等，与工程项目尤其是重大工程情境有较大的差异，相关成果的参考价值也受到限制。

重大工程的实施更多地依赖于参建方的努力，参建方作为一种高阶行为主体，其行为特征与一般项目中的个体行为在表现形式、驱动因素、效果等多方面存在本质差异（Podskaoff et al.，2014；Li et al.，2014）。目前尚未发现有考虑情境特征的重大工程参建方 OCB 的研究成果。

2.2.2 项目管理参建方积极行为对绩效的影响

由于项目中的角色边界模糊和情境多样性，协同等积极行为本

---

① 该文献认为 OCB 不包含服从行为，同时认为 OCB 和服从行为均属于项目合作的重要内容。

身具有重复性和不可预测性，与项目绩效可能存在非线性的复杂关系，且这类重复性协同未必会产出好的效果（Bakker，2010）。在项目情境中，个体 OCB 对项目中的铁三角等绩效指标均存在显著的促进作用（Braun et al.，2013）；而在基于项目的组织中，参建方的 OCB 可以直接促进项目成功（Aronson et al.，2009；Aronson et al.，2013）。在跨文化的项目情境中，个体 OCB 可以有效帮助项目管理者实现管理绩效，且在关系导向的文化中，公民行为更加突出，对项目绩效影响更大，而且更能保证未来的个人与组织的商业机会（Ferreiraa et al.，2014）。在重大工程类似情境中，OCB 往往带有强烈的保证项目管理成功的意愿，因此可以大大提升任务绩效和管理目标的实现（Heere et al.，2012）。在这种复杂临时的项目情境中，参建方之间非正式的协同关系不仅可以提高项目效率等客观指标，如进度、质量和成本，还可以实现项目效能的主观满足，如关键利益相关者的目标统一与实现等（Hanisch et al.，2014）。在这种情况下，在对整体项目产出进行解释时 OCB 等类似行为与任务绩效同等重要（Ahadzie et al.，2008），因为 OCB 可以降低项目管理有效性损失，对项目目标的集成也有重要的提升作用（Yen et al.，2008）。上述成果指出了项目管理有效性变化的行为根源，为本书探讨参建方 OCB 的价值涌现过程提供了有益的参考。然而，考虑到不同项目之间的任务是离散的、不连续的，OCB 对项目绩效影响的清晰界定仍然面临较大的挑战，相关成果的普适性往往遭到质疑（Tyssen et al.，2014），本书的研究过程也需要结合重大工程的实践特性进行情境化研究。

2.3　重大工程积极行为研究

重大工程情境中尚未发现直接相关的 OCB 研究，但部分研究开始关注工程建设中的合作与协同、创新、关系维护、帮助、团队跨界行为等类似 OCB 的行为。这些研究成果可为 MOCB 研究提供基础，具体包括以下内容。

① 合作与协同行为。Davies 等（2016）基于伦敦希斯罗机场 5 号航站楼的建设实践证实了参建方之间高度协同机制的设计对该项目成功产生了至关重要的作用。Dietrich 等（2010）通过分析大型项目中多参与主体之间合作行为的核心要素合作质量与知识整合的作用，揭示了合作行为产生的动力学原理；韩姣杰等（2014）构建了基于利他偏好和互惠偏好的多主体合作行为模型，并通过数值分析方法证明了利他与互惠偏好在参与方之间产生合作行为的作用；魏光兴等（2009）采用博弈论分析了协同效应对合作行为的促进作用。

② 创新行为。Turner 等（2003）指出，项目建设本身就是一项独特的、创新性的、临时性的努力，尤其是对于重大项目，创新行为更是保证项目在不突破预算控制的情况下按时完成建设任务的关键要素（Maier et al.，2014）。盛昭瀚等（2009）从系统论出发，提出了用于研究重大工程中参建方行为的复杂工程方法论，认为参建方尤其是设计单位与施工单位是工程创新行为的主体，并指出重大工程中业主"官"的性质等政治因素对工程技术创新行为有着不可或缺的引导和培育作用，完善的配套政治体系可以在整合智力资源、提供创新资金支持等方面发挥重要作用，弥补其他参建主体技术创新过程中的市场失灵问题。

③ 关系维护行为。关系源自社会学理论，重大工程中的关系行为尤其是在我国的文化背景下非常普遍。项目管理中的关系维护可以缓和参建方之间的紧张状态，促进业主与参建方之间的合作，但参建方的合作行为、参与行为及承诺都与他们的满意度高度相关（Xue et al.，2010）。

④ 帮助行为。戴昌钧等（2003）的研究指出，在不存在晋升因素的项目情境中，团队成员之间仍然会相互帮助。

⑤ 团队跨界行为。具体指由于项目的任务依赖性等原因，团队

为了实现目标而采取的与外部行为主体建立关系并不断互动的行为。研究表明，这种行为可以从协调、学习和网络三个视角促进团队效能（Bresman，2010；Marrone，2010；Tortoriello et al.，2010）。

2.4 理论基础

2.4.1 积极组织研究

积极组织可以高度概括为具有正直特性的组织，即组织内部充满仁爱、诚实、宽容、信任和乐观的氛围（Cameron et al.，2004）。积极组织研究包括积极组织学术和积极组织行为。其中，积极组织学术由 Cameron 联合 Dutton 与 Quinn 于 2003 年发起（Cameron et al.，2003），并常设了著名的积极组织学术论坛和积极组织学术研究小组推动其发展，主要关注积极的产出、过程及组织属性的研究。积极组织行为由 Luthans 于 2002 年提出，是指为提升工作绩效，针对那些具有积极导向的、可测量的、可开发的、可有效管理的人力资源优势和心理能力所进行的研究及其运用，如心理资本等（Luthans，2002）。基于组织中积极情感的唤醒，组织成员在共同追求组织目标时会传播积极情感、认知唤醒和进行自发行为的展示及经验分享（Cole et al.，2012），这为实现组织目标提供了新的动力解释。目前，积极组织研究对上述概念的考察已经从概念和定义的探讨发展到对影响因素、过程和结果的测量和应用，关于积极组织的学术文献和实证研究成果均在大量涌现，如 Donaldson 等（2010）和 Wang 等（2014）。上述因素都是传统组织研究理论难以识别和解释的，均有两个共同的属性，即放大特性与缓冲特性，前者能够为组织培育产生不断增强的积极效果，后者则能够防止负面影响对组织的侵蚀（Cameron，2005）。当积极偏差、主观能动性、正能量及积极沟通等积极动力出现时，组织会将这类动力合法化，进而使这些因素得到鼓励，出现自我加强，积极的效果将得以放大（Sutcliffe et al.，2003）；同时，也培育了组织应对负面的挑战性状况要具备的弹性和抵抗力（Cameron et al.，2004）。根据前文综述的结论，本书的 OCB 即属于积极组织研究的重要内容之一（Cameron et al.，2011）。

2.4.2 团队利他理论

在团队等高阶层次，利他、合作、自愿行为、OCB、亲社会行为等概念在传统意义上被认为是同义的（Nowak，2006；Hu et al.，2015；Bolino et al.，2016）。关注多层次 OCB 的学者认为，团队层次上的 OCB 应与当前大部分学者关注的个体层次 OCB 在维度结构等方面有所不同，甚至有个别学者提出群体公民行为（Group Citizenship Behavior，GCB）（Chen et al.，2005）等概念，以区别于个体层次的 OCB 研究，但相关研究尚未形成体系。其中，团队利他理论整合了多位学者关于团队层次亲社会行为、利他行为、OCB 等相关研究，形成了较为系统的观点和体系，尤其是关于团队利他行为动机的观点被用于团队层次 OCB 的动机研究（Li et al.，2014；Hu et al.，2015；Bolino et al.，2016）。团队利他理论认为，团队层次的 OCB 即团队利他行为的动机并一定是利他的，这种行为具有基于利己的利他和完全利他的双重动机（Li et al.，2014），其中，基于利己的利他动机是指项目团队追求能够促进自身发展或带来长期价值的行为动机，同时具备利己和利他的成分，这种动机下的 OCB 降低了行为主体的短期效用（Li et al.，2014），是一种互惠性的长期效用动机，如企业管理中的印象管理（Bolino，1999；Chen et al.，2005；Grant et al.，2009）；完全利他动机也被称为亲社会动机，是指团队成员共有的、努力做出完全利他行为的意愿（Grant，2008；Hu et al.，2014）。亲社会动机通过关注行为主体对他们的行为如何影响他人的收益来强调行为主体活动的社会属性（Batson et al.，1998；Grant，

2007），不是自利性经济回报的计算，而是更多地关注长期的成功和价值（Grant，2007；Grant，2013）。亲社会动机在团队层面普遍存在，并对团队的 OCB 有积极的意义（De Dreu，2006）。当团队能够产生协同进步，将过程中的损失降到最低时，团队就可以产出成功的绩效（Hackman，1987）。被亲社会动机驱动的团队总是较少计算自我得失（Meglino et al.，2004），而更多地关注并支持其他团队的意见和需求（De Dreu，2006）。这会给团队之间带来建设性的冲突（Constructive Conflict），或即便不能消除也能降低混乱的人际冲突，因此可以创造积极的团队协同并促进有效的团队合作（Hu et al.，2015）。现有关于团队动机的研究主要关注团队成员与任务有关的动机，忽略了除了被经济收入或个人利益驱动之外，很多行动是由其对他人利益带来的影响驱动的（De Dreu，2006；Grant，2008；Grant et al.，2007）。Hu 等（2015）实证研究已经验证了亲社会动机对团队 OCB 的驱动作用。

团队利他理论同时认为，利他行为不仅受到行为主体的内部动机驱动，还会受到外部社会性因素的驱动（Li et al.，2014）。由于较高的依存性，团队利他行为易于受到社会因素的影响（Salancik et al.，1978），如同行的影响（Stewart et al.，2012）。同行的影响包括压力和规范，如什么是可接受行为的非正式标准（Ehrhart et al.，2004；Grant et al.，2012）。当团队利他行为成为一种可接受的团队行为标准时，如成为规范，追随者往往会调整他们的行动来与这种标准保持一致（Ajzen，1991；Feldman，1984）。由于行为主体往往缺乏为团队做出超越角色期望行为的意向（Liden et al.，2004），利他行为可能是不稳定的，而规范则在保持团队利他的可持续性方面起着关键作用。一旦规范形成，利他行为就会变得稳定并持续下去（Ehrhart et al.，2004）。在制度理论中，这种来自外部社会环境中的同行压力、规范等要素的影响，被称为制度同构效应（DiMaggio et al.，1983；Scott，2012），本书将在关于制度理论的综述中展开进一步的陈述。

团队利他行为理论将个体行为动机研究与高阶行为动机研究区别对待的观点为本书识别和提炼参建方实施 MOCB 的行为动机提供了理论上的可行性，双重动机框架及外部社会环境中制度同构效应对利他行为可持续性的关键作用也可为本书关于 MOCB 的内部（利他动机）、外部（制度同构效应）驱动的研究逻辑提供理论依据。

2.4.3 制度理论

制度理论已有相当长的发展历史，主要观点强调外部制度环境对组织行为的重要影响，认为组织行为选择往往会由制度环境中的规制、规范、文化认知等要素所致（DiMaggio et al.，1983；Meyer et al.，1988），目的是追求组织在环境中的合法性（Dacin，1997）。从合法性机制出发，Meyer 等（1988）提出了组织被组织外部制度环境所塑造并与之趋同和相似的命题，即组织的同构（Isomorphism）。组织行为和组织形式都是由制度塑造的，组织行为的同构性可能与组织内部的技术效率毫无关系（DiMaggio et al.，1983；Meyer et al.，1988）。社会环境中，制度要素强调可以通过形成新的承诺形式和规则遵守或规范服从行为来解决复杂组织情境中集体行动问题的协同机制（Powell et al.，2013）。DiMaggio 等（1983）提出了制度化扩散和同构过程中的非正式力量，即模仿同构、规范同构和强制同构，通过这三种路径，组织会产生相应的思想和行动。三种非正式制度力量构成了制度的三个既独立又相互关联的要素，即制度强制要素、制度规范要素和制度模仿（文化-认知）要素。制度三大要素、制度同构作用与合法性机制之间的对应关系见表 2.2。

表 2.2 制度的三大基础要素（Scott，2012）

三大要素	制度强制要素	制度规范要素	制度模仿要素
遵守基础	权宜性应对	社会责任	示弱当然、共同理解
扩散机制	强制同构	规范同构	模仿同构
系列指标	规则、法律、奖惩	合格证明、资格承认	共同信念、共同行动逻辑
合法性机制	法律制裁	道德支配	可理解、可认可的文化支持

制度的三种要素对组织行为产生同构影响的过程是相互独立的，甚至可能相互矛盾（Scott，2012）。Zucker（1977）认为，制度化是组织层次的过程，同构作用导致的组织行为扩散是制度化的结果而不是原因。关于这个过程，Galaskiewicz 等（1989）认为，组织之间的关系网络实际上为组织制度化的传播提供了一种渠道，如关于制度模仿的同构过程，社会关系网络是决定决策者究竟会模仿谁的重要因素，决策者将会去模仿他们基于关系网络中认识和信任的人。Granovetter（1985）指出，跨组织人际关系网络在克服不确定性和不信任中非常有用，这种不确定性和缺乏信任往往会带来经济交易的困境。尽管这种与私人朋友或熟人做生意的关系可能会导致短期的成本低效，管理者仍然愿意承担这种短期成本，以此来维持双方的长期信赖关系（Macaulay，1963）。这一观点与本书 OCB（利他行为）导致的短期成本密切相关。

由于重大工程突出的社会嵌入性，制度理论已成为研究和解释重大工程关键问题的新视角。Scott（2012）从全球性重大工程项目的跨国制度差异性研究着手，提出应该关注外部制度环境对重大工程项目参建方行为的影响。Morris（2013）在《再造项目管理》一书中也明确指出，与制度有关的行为逻辑应当成为项目管理的基本问题，并认为制度理论视角是实现项目管理理论重建并使其发展成为一门学科的重要工具（Morris，2013）。这一点已经得到了其他学者的支持和发展。如 Bresnen（2016）指出，传统的项目管理思想长期以来一直是实践推动的，来自实践需求和从业人员的经验，Morris 的制度视角可以确保实践发展在严谨的学术研究中得到有力的支持；Mahalingam 等（2007）使用制度理论解释了印度地铁项目中的冲突行为，并强调从制度理论出发，可以清晰地识别重大工程中众多复杂问题的关键症结所在，从而相对容易地找到问题的解决方案；Cao 等（2014）通过制度同构作用解释了当前工程建设项目参建方 BIM 应用行为的外部驱动；He 等（2016）则基于制度同构作用解释了建设项目中工人的安全行为选择问题。可见，制度理论关于外部环境如何驱动组织行为的观点具有较强的解释能力，关于制度要素及其同构作用的观点也可为当前团队利他理论中关于高阶 OCB 受到规范等外部社会环境驱动的理论观点提供更为具体的路径支撑。而制度理论的相关实证研究则为解释团队利他行为的外部驱动提供了有益的补充和参考，从而为本书从外部环境视角考察重大工程参建方 OCB 的驱动因素与扩散过程提供了重要的理论依据和实证基础。

2.4.4　组织效能理论

组织效能是组织理论研究的核心内容之一，具体是指组织目标的实现程度（Daft，2010）。组织效能的评价并不唯一，有一定的主观性（Tsui，1990），因此关于组织效能的内涵存在多种观点，本书对相关观点的关联性进行了分析，梳理了组织效能理论的发展历程，见图 2.3。

需要说明的是，组织行为学认为，研究中常用的绩效是组织在特定的时间内，由特定的工作职能或活动（管理等）所创造的产出，从组织行为学出发，绩效是行为的直接结果（Kahya，2009），即任务的完成（Lim et al.，1999）；而效能是对绩效基于价值的评判（Quinn et al.，1981），是组织目标的完成情况（Cameron et al.，1996）。

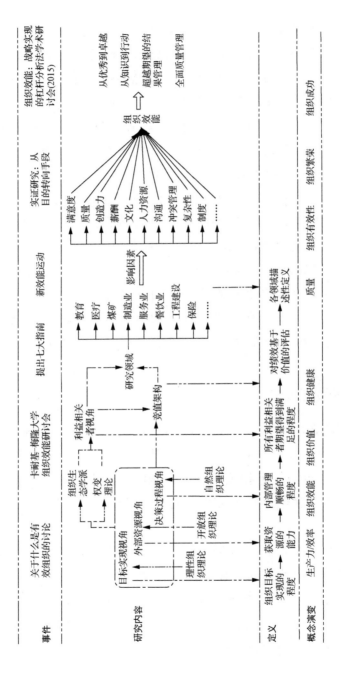

图 2.3 组织效能理论的发展历程（何清华等，2015）

前述积极组织研究的发展为组织效能的内涵、前因及研究方法等方面带来了新视角。积极组织学术中关于组织层面的繁荣、正直、有效性等代表积极偏差的概念均属于组织效能的范畴，积极组织研究对组织效能研究的推动主要围绕组织繁荣、活力等可以带来正向偏差的、定义不足的、尚未被研究过的现象，并将其称之为积极偏差和卓越非凡的成果（Cameron et al.，2003；Walsh et al.，2003）。组织管理研究一直致力于对负面偏差现象的研究与问题的解决（Hu et al.，2015），积极组织研究关注之前未研究过的可以带来积极偏差的积极因素，积极组织行为关注自我效能、乐观、希望和韧性等积极心理资本的研究（Luthans et al.，2007）。积极组织学术提倡对积极状态、积极关系、积极组织情境等积极动力和集体能量的关注（Cameron et al.，2004；Cole et al.，2012），这些最佳状态、自我强化及其带来的弹性系统代表了组织期望的产出结果，可以直接或间接地通过积极偏差来促进组织效能。本书研究的 OCB 这一概念的理论基础即为组织中的积极情感，同属于积极组织研究范畴，这种积极行为可以为组织带来积极的效能涌现（Bateman et al.，1983；Cameron et al.，2011）。因此，积极组织研究为提高组织效能提供了新的研究视角与动力学（Cameron，2005），具体见图 2.4。

积极组织研究为组织效能理论带来的新视角，不仅包含了研究思路的改变，更涉及 OCB 在这一过程中的关键作用，相关结论与本书关于 MOCB 效果的研究密切相关。这一结果也间接表明，本书的研究也可以为传统项目管理研究带来新的视角和培育新的研究领域，进而推动和丰富项目管理理论的发展。

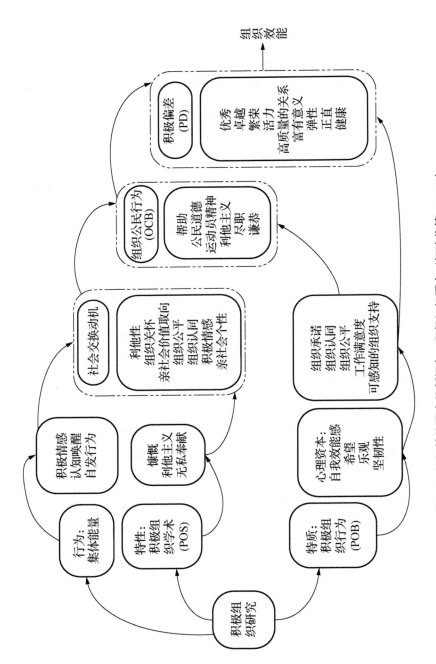

图 2.4 组织效能研究的新视角：积极组织研究（问清华等，2015）

2.4.5 相关理论的关联性分析

积极组织研究作为当前组织理论的重要发展成果与趋势，不仅可以从研究视角上为本书提供有价值的指导，且为本书参考的其他理论发展带来有益的补充，实现理论之间的融会贯通和相互补充。OCB 研究可以实现积极组织研究与组织行为学之间的关联和交叉；图 2.4 表明，团队利他理论本质上也属于积极组织研究的范畴，同时又属于高阶 OCB 研究，兼顾了行为动机与制度理论之间由内到外的逻辑关系，尤其是制度理论中的制度同构效应可以为团队利他理论中团队利他行为的外部驱动提供有力的补充；而积极组织研究关于积极动力和积极偏差的研究又为组织效能理论的发展带来了新的机会，OCB 作为其中的一种积极动力则可以为组织效能中积极偏差的涌现提供有力的解释。这为本书在理论整合和逻辑统一方面奠定了良好基础，保证了相关研究成果可以与相关理论实现有效的对话与衔接。综上所述，相关理论之间的关联关系见图 2.5。

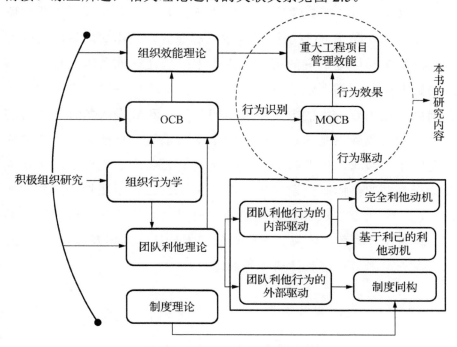

图 2.5 相关理论之间的关联关系

第 3 章 研究设计与过程

3.1 研究概述

根据第 1 章的研究逻辑,本书对 MOCB 的识别主要采用质性研究策略,对 MOCB 的驱动因素与效果的研究则采用实地调研的研究策略,均属于实证研究的范畴。由于本书质性研究所需数据缺乏系统的数据来源,需要从公开渠道的二手数据间接获取,实地调研数据则以问卷调查为主的方式得到,问卷设计和数据收集过程的合理与否,所收集数据是否符合研究的基本要求等,直接关系到本书的研究质量。因此,基于第 1 章的研究逻辑框架和研究内容,本章主要分析本书的整体研究设计与过程(图 3.1),包括质性研究与实地调研过程中的方法选择、研究问题与研究内容的关系、研究变量选择、问卷设计与数据收集、调研对象基本特征等内容及其实施步骤,目的在于清晰地呈现整体研究思路与过程。

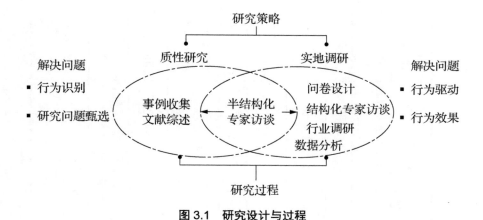

图 3.1　研究设计与过程

3.2　研究问题甄选

本书首先基于相关研究背景提出初步的研究问题，然后，鉴于探索性研究的不确定性，选择对有丰富重大工程项目经验的实践专家进行半结构化访谈的方式，对上述研究问题进行再次甄选和优化，以此巩固研究问题的实践基础。

3.2.1　行业专家访谈

鉴于 MOCB 研究的情境化属性，充分结合行业实践基础，本书通过半结构化的行业专家访谈来提炼适用于重大工程情境的 OCB 关键研究问题。首先，基于 OCB 相关文献综述结果，制定初步的研究问题和研究思路，形成访谈提纲（详见附录 A）。其次，2014 年 11 月—2015 年 6 月期间，邀请 26 位来自重大工程领域的实践专家进行半结构化访谈。被访专家分布在全国各地，有 5~45 年的重大工程管理经验，访谈专家的详细背景信息见表 3.1。访谈内容包括以下两个方面的内容。

表 3.1 半结构化访谈专家的详细背景信息

专家编号	角色	性别	工作单位	职务	年龄	学历	工作年限	重大工程工作年限	参与重大工程	参与项目分布
1	政府	男	上海市重大项目办公室	办公室主任	31~40岁	硕士	7	7	浦东重大基础设施建设	上海
2		男	世博会工程建设指挥部	合约主管	31~40岁	博士	8	5	世博会园区建设	上海
3		男	世博会工程建设指挥部	项目经理助理	31~40岁	博士	8	5	世博会园区建设	上海
4		男	港珠澳大桥管理局	综合管理部部长	41~50岁	硕士	20	20	港珠澳大桥等	珠海
5		男	神华神东煤炭集团有限责任公司	副总经理	31~40岁	博士	15	12	神华煤制油工程、上海迪士尼度假区	北京、上海
6		男	中建(郑州)城市开发建设有限公司	副总经理	31~40岁	硕士	10	6	文化产业新城、郑州滨河国际新城	郑州、武汉
7	业主	女	中建(郑州)城市开发建设有限公司	高级工程师	31~40岁	硕士	15	9	郑州滨河国际新城	郑州
8		女	上海西岸开发(集团)有限公司	副总经理	31~40岁	硕士	5	5	滨江开放空间、西岸传媒港	上海
9		男	上海西岸开发(集团)有限公司	设计经理	31~40岁	硕士	12	7	上海地铁9号线、大连地铁2号线、西岸传媒港	上海、大连、苏州、济南

续表

专家编号	角色	性别	工作单位	职务	年龄	学历	工作年限	重大工程工作年限	参与重大工程	参与项目分布
10	业主	男	上海西岸开发（集团）有限公司	工程部经理	41~50岁	本科	17	12	西岸传媒港	上海
11	设计	男	河南新开元路桥工程咨询有限公司	董事长	>50岁	博士	35	30	桃花峪黄河大桥等数十个重点交通项目的总设计师	河南、厦门、宁夏、新疆
12		男	上海科瑞建设项目管理有限公司	董事长	>50岁	博士	25	15	世博迪士尼度假区、上海浦东中环线等	贵州、上海、南宁
13		男	同济大学	教授	41~50岁	博士	30	20	上海虹桥枢纽	上海
14	工程管理咨询	女	上海智通建设发展股份有限公司	执行董事	41~50岁	硕士	23	17	西岸传媒港、上海地铁、郑州地铁	上海、郑州
15		男	上海智通建设发展股份有限公司	总工程师	>50岁	本科	15	12	上海西站南广场、上海地铁6号线、昆明地铁6号线	上海、昆明
16		男	上海科瑞建设项目管理有限公司	事业部总监	31~40岁	博士	16	6	长沙卷烟厂、汽车设施项目	长沙、上海
17		男	上海科瑞建设项目管理有限公司	项目经理	41~50岁	博士	20	3	济南高新技术开发区群体项目管理、世博会园区建设	济南、武汉

续表

专家编号	角色	性别	工作单位	职务	年龄	学历	工作年限	重大工程工作年限	参与重大工程	参与项目分布
18	工程管理咨询	男	上海市建设工程监理咨询有限公司	副总经理	31~40岁	博士	12	6	深圳平安金融中心、世博会英国馆、上海西岸传媒港	长春、深圳、上海
19		男	上海科瑞建设项目管理有限公司	副总经理	31~40岁	博士	10	5	南宁火车东站片区基础设施群体工程	南宁
20		男	上海同济工程咨询有限公司	项目经理	31~40岁	博士	13	5	上海迪士尼度假区、上海浦东中环线	上海
21		男	上海科瑞建设项目管理有限公司	项目经理	31~40岁	博士	10	5	上海迪士尼度假区	上海
22		男	上海科瑞建设项目管理有限公司	投资经理	31~40岁	博士	6	2	济南高新技术开发区群体项目管理、保利置业上海某综合体	济南、上海
23		男	上海科瑞建设项目管理有限公司	项目经理助理	31~40岁	本科	12	5	上海青草沙引水工程、西岸传媒港	上海
24	施工	男	中国建筑第八工程局有限公司	总工程师	>50岁	本科	45	40	世博会园区建设、南浦大桥、徐浦大桥	上海
25		男	上海建工四建集团有限公司	项目经理	41~50岁	本科	17	10	东方金融中心、中海油大厦、西岸传媒港	上海
26		男	上海建工四建集团有限公司	项目经理助理	31~40岁	本科	8	3	上海中心、上海迪士尼度假区、滚工金融城	上海

① 邀请专家根据理论内涵对重大工程中的 MOCB 现象进行事件举例，同时对研究概念的定义提出意见。

② 请专家回答所列的研究问题，并对问题的设计和思路提出修改意见。研究问题包括：参建方实施 MOCB 的动机是什么？MOCB 实施过程中会受到哪些外部制度因素的影响？重大工程的特殊性对 MOCB 有哪些影响？MOCB 对重大工程的意义和价值体现在哪些方面？等等。

3.2.2 访谈整理

经过整理，共得到 21 万字的访谈记录。关于 MOCB 举证，通过专家举例得到 40 条 MOCB 事例。关于研究问题的选择与设计，专家指出，MOCB 研究是有价值的，但这种行为并不属于传统的项目管理内容，在日常的项目管理系统中缺乏文本记录，对现象的解释和规律的研究需要对重大工程进行观测和大量的事例收集，工作量大，研究周期较长，并在回答研究问题的同时提出了大量有价值的研究建议。例如，专家建议，MOCB 的调研不能忽略当前很多重大工程中用来激发参建方任务积极性的劳动竞赛（立功竞赛），这一活动有助于本书更好地理解重大工程这一特定情境下的 MOCB 现象，并可用于事例收集。

3.2.3 研究问题优化

关于研究问题设计，被访专家在认可每个研究问题理论依据的基础上，为对应问题提供了大量的实践素材，作为整体研究框架的现实依据。专家认为，本书是探索性研究，应注重揭示 MOCB 的产生与重大工程本身存在的强烈关联，其中，MOCB 动机的考察应当同时关注重大工程中的行政因素和企业市场化发展的双重影响，也不能忽略参建方创造的社会价值；关于外部因素的驱动，专家认为，制度因素是众多外部因素中的关键和重点，中国的制度与体制对参建方的行为有重要影响，很多行为现象都可以在制度文化中找到合理的解释，要从重大工程承担的政治与社会角色出发，考察政府与重大工程的复杂关系，对立功竞赛的观察也是识别外部制度环境驱动的关键突破点，其中，业主的角色非常关键，是外部因素影响重大工程的重要抓手。

鉴于上述专家建议，本书对初步提出的研究问题进行修订，并将研究问题转化为研究内容，两者的对应关系见表3.2。

表 3.2 研究问题与研究内容的对应关系

研究问题	研究内容	章节安排
什么是 MOCB？这种行为在重大工程中是否真的存在？	MOCB 的识别	第 4 章
如果存在，MOCB 有哪些特征？重大工程的情境特征对 MOCB 有哪些影响？	MOCB 的特征分析	第 4 章
重大工程很复杂，参建方实施 MOCB 的动机是什么？	MOCB 的内部驱动	第 5 章
MOCB 实施过程中会受到哪些外部关键因素的驱动？	MOCB 的外部驱动	第 6 章
MOCB 对重大工程项目管理有什么意义？	MOCB 的效果	第 7 章

3.2.4 变量选择

在不改变本书理论依据的前提下，根据专家对研究问题的回答和第 1 章中研究内容的陈述，对研究变量选择进行优化，建立研究问题与研究内容的对应关系。表 3.3 所示为研究变量选择结果。其中情境变量即反映重大工程情境因素的变量。

表 3.3 研究变量选择结果

研究内容	自变量	因变量	情境变量
MOCB 的识别	权变式协同、服从、尽责、首创性、和谐关系维护	—	—

续表

研究内容	自变量	因变量	情境变量
MOCB 的内部驱动	利他动机： 社会价值动机 互惠动机（政治诉求+企业发展）	MOCB	参建方的政府关联 项目的政府关联
MOCB 的外部驱动	制度要素： 制度规范同构 制度模仿同构	MOCB	业主的支持 参建方之间的关系型信任
MOCB 的效果	MOCB	项目管理效能涌现	参建方的任务效率 项目集成

3.3 质性研究

3.3.1 方法选择

由第 2 章中关于 OCB 的综述可知，OCB 的维度研究已经得出了一系列的研究成果，相关学者在对 OCB 进行拓展性研究时，往往从 OCB 已有的维度出发，对相关维度内涵进行探索性的拓展和发展。因此，研究成果在实现创新的基础上呈现出一定的继承性和可持续性，以此形成了较为系统的 OCB 维度体系，成为后续研究的重要基础和参考。而在对 OCB 维度进行拓展和创新的过程中，由于研究情境的差异性，已有的知识体系往往不能直接引用，需要结合情境特征，考察 OCB 的内涵与维度涌现，如 OCB 本土化研究的代表性学者 Farh 等（2004）在西方 OCB 研究成果的基础上，结合儒家文化情境特征，识别了华人文化情境中 OCB 的 10 个维度。这一过程称之为归纳与演绎相结合的情境化研究方法（陈晓萍等，2008）。

演绎法是指从抽象理论到具体事实的过程，从一般到具体，从解释到事实，其结论必然能从前提推衍出来。具体而言，在基于演绎法的行为识别过程中，通过整合已有的文献，即可对 OCB 维度进行清晰的定义，确认行为类别涵盖的范围。在这一前提下，通过对已有 OCB 维度和行为类别的理解，即可提出可操作的维度体系，是一种"自上而下"的行为识别模式（Hinkin，1998）。而归纳法是演绎法的逆向，是从具体事实到抽象理论，从数据和证据出发推出结论的过程，事实支持结论，而结论解释事实。具体而言，在基于归纳法的行为识别过程中，通常需要通过定性的方法了解特定情境中 OCB 维度与对应的行为类型构成，在不脱离现有文献成果的前提下，构建新的维度体系和行为类别。这是一种"自下而上"的研究模式（Hinkin，1998），需要通过各种方法搜集关于行为现象的描述，广泛地征集符合这些行为描述的事例，在此基础上进行筛选、聚类，得到初步的行为维度和行为类型。由于识别的行为类型直接来自客观实践，因此有利于识别适合特定情境的行为维度体系。

在情境化研究中，经常需要综合运用演绎法和归纳法（Liang et al.，2012；Podsakoff et al.，2016）。当观测到一项事实并产生"为什么"的疑问时，将使用归纳法来提出一种初步的解释（假说），如果能解释事实则假设合理。至于能否解释事实及根据是否正确，则要使用演绎的思维结合理论进行验证。探索性研究中，这一过程体现为：一方面通过访谈、观测等方法搜集与研究对象相关的客观事例；另一方面基于以往的相关研究，演绎得到新的理论观点。这种方式既保证了对研究对象进行识别和测量的内容效度，同时也使行为识别结果更接近研究的真实情况（陈晓萍等，2008）。因此，Farh 等（2004）、Liang 等（2012）与 Braun 等（2012）的 OCB 情境化研究均采用了这种方法；同时，这一方法在项目管理研究中也得到了相当广泛的应用，如 Liu 等（2004）、Wong 等（2010），等等。因此，基于演绎与归纳相结合的情境化研究方法是本书进行 MOCB 识别时重点借鉴的方法。在识别 MOCB 的过程中，本书需要遵守情境化研究的范式，一方面不能完全脱离已有的 OCB 维度体系，另一方面还需要将已有的 OCB 研究成果与重大工程情境特征结合起来，在已有理论成果的基础上结合对重大工程客观实践的归纳进行维度与内涵的演绎，进而构建符合重大工程情境特征的 MOCB 维度体系。具体研究过程则借鉴 Farh 等（2004）与 Braun 等（2012）的 OCB 情境化研究及 Liu 等（2004）、Wong 等（2010）的项目管理领域的代表性成果，制订详细的研究计划和步骤。

需要说明的是，扎根理论也是质性研究中的代表性方法。根据 Glaser 等（1968）的观点，扎根理论本身的目的在于理论建构，研究者在研究开始之前一般没有理论假设，而是从实际观察入手，从原始资料中归纳出经验概括，然后再上升到系统的理论，强调理论结果的自然涌现。这是一种从下往上实现理论构建的方法，即在系统性收集资料的基础上寻找反映事物现象本质的核心概念，然后通过这些概念之间的联系建构相关的社会理论。本书质性研究的目的在于在原有 OCB 理论基础上对 MOCB 进行识别，不能脱离已有的理论假设，属于情境化研究范式，不属于理论建构的研究范式（陈晓萍等，2008）。关于情境化研究，陈晓萍等（2008）认为，情境化既是研究工具也是研究哲学，并认为 Farh 等（2004）的研究方法可以为情境化研究过程与方法设计提供重要参考。经过文献整理发现（Podsakoff et al., 2016），相关学者对 OCB 进行情境化研究时也较少采用扎根理论方法，而主要采用了以 Farh 等（2004）为代表的演绎与归纳相结合的方法。因此本书采用情境化研究的范式，借鉴 Farh 等（2004）代表性文献的方法进行 MOCB 的识别。

3.3.2 研究过程

基于以上分析，本书借鉴 Farh 等（2004）关于 OCB 本土化研究的思路，综合采用了归纳与演绎相结合的探索性研究方法。MOCB

的识别过程见图3.2[①]。首先从OCB已有维度及其内涵出发,结合重大工程情境特征进行演绎,提出重大工程情境的MOCB维度及其特征假设;依据OCB已有的维度体系和内涵释义,对重大工程实践进行观测,收集来自典型重大工程项目中符合上述释义的行为事例;在观测和收集数据之后,采用归纳法,对收集到的行为事例按照前述OCB的维度体系和内涵进行聚类分析,识别出初步的MOCB维度;将聚类分析得到的维度和文献中的维度理论进行对比,对MOCB维度体系进行修正,将修正后的MOCB维度与OCB已有维度体系及内涵进行对比分析;结合重大工程情境特征,分析从OCB到MOCB的演绎过程,并验证MOCB的维度特征假设;采用结构化专家访谈(有别于半结构化访谈)和实地调研的实证研究方法,对MOCB的识别结果进行可靠性验证,形成符合重大工程情境的MOCB维度体系。

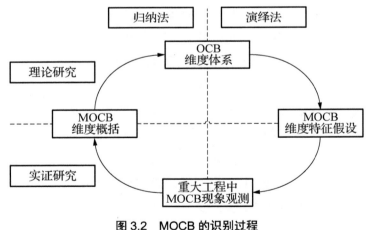

图3.2 MOCB的识别过程

在本书中,"理论—假设—观测—经验概括"是多轮循环进行的,因此演绎法和归纳法并不是严格地划分为前后两个独立的阶段,而

[①] 由于质性研究过程涉及环节较多,本章节仅为研究过程的概括性介绍,详细的研究过程见第4章。

是相互交织运用。具体过程中，理论分析中采用归纳法对 OCB 成果进行总结，采用演绎法提出 MOCB 维度特征假设；当观测到一定数量的事实数据后，再次采用归纳法得到适用于重大工程情境的 MOCB 维度，并从理论与事实数据出发，再次采用演绎法分析 MOCB 维度与已有 OCB 维度之间的关系，并进行第二轮的归纳，如此循环使最终结论更加完善。

3.4 实地调研

3.4.1 问卷设计与变量测量

根据本书的研究方法设计，实地调研主要通过问卷调查的方式展开。为了客观反映当前重大工程参建方实施 MOCB 的现状，在借鉴大量研究的基础上（Dunn et al.，1994；陈晓萍，2008；罗岚，2014），在 2014 年 6 月—2015 年 10 月期间经过四个阶段，形成本书行业实地调研的问卷。问卷设计过程见图 3.3。

阶段一：基于文献综述和理论依据提出 MOCB 的初步研究框架，包括初步的研究问题清单和研究变量选择思路，形成研究问题转化为半结构化访谈提纲。

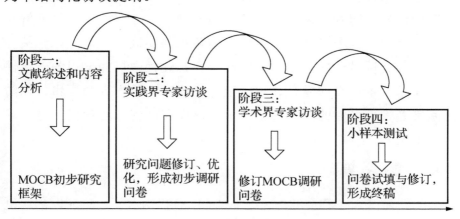

图 3.3　问卷设计过程

阶段二：在上述 26 位专家的访谈中，请专家对每个研究问题提供各自的答案，然后作者陈述本书的研究变量选择思路，征询专家的意见，以此对研究问题和变量选择进行修订，形成初步调研问卷。

阶段三：参考陈晓萍等（2008）的建议，借鉴 Farh 等（2004）的 OCB 研究及 Liu 等（2004）与 Le 等（2014）的项目管理领域类似研究的做法，将初步调研问卷制作成打分表，见附录 B，发送给来自学术界与实践界的 14 位专家。两周之后，邀请专家进行结构化访谈，首先请专家对问卷的每个题项是否同意保留进行打分，1 表示同意，0 表示不同意，并陈述打分的理由，根据打分结果对问卷题项进行筛选和修订；同时邀请专家填写完整的问卷。

阶段四：根据 14 位专家的问卷填写结果，对问卷进行小样本测试，结合访谈时专家对每个题项的看法，形成本书最终的调查问卷，见附录 C。

3.4.2 问卷可靠性分析

问卷设计的可靠性是指问卷设计的合理性和科学性。关于问卷中问题的表述方式，本书是在借鉴相关文献原有表述的基础上，经过两轮的项目访谈，反复征询被访谈者的意见后修正的。修正后的问题表述方式同时考虑了问题表述的明确性、客观性、容易理解和能体现重大工程项目特征的要求。为避免问卷设计中可能隐含某种对回答者有诱导性的假设，避免问卷回答过程中可能出现的一致性动机问题，本书在问卷设计中，没有说明研究的内容和逻辑，以防止回答者受到可能的因果关系暗示，进而在回答过程中受到这一暗示的影响。

3.4.3 数据收集

为测量重大工程参建方实施 MOCB 的整体水平，验证内部动机与外部制度要素对 MOCB 的驱动作用及 MOCB 对项目管理效能的涌现效应，于 2015 年 10 月—2016 年 1 月展开实地调研。根据 Smith 等（1995）的观点，在对团队等高层次组织行为进行调研时，团队或企业的行为转换为可以代表团队或企业意志的管理者的行为。因此，根据本书第 1 章对研究对象的界定，被访者为参与过重大工程实施的业主方、施工方和设计方的管理人员。由于 MOCB 尚未成为常规项目管理概念，为确保被调研对象能够准确理解调研内容的含义，本阶段首先选择与两轮访谈中的 40 位专家相关联的项目或企业，以及项目收集覆盖的 23 个重大工程为调研范围；然后，在被访专家的协助下，由本书作者对相关企业或项目的管理层利用项目内部会议或网络平台进行 5~10min 的调研培训，并同样重点选择举办过劳动竞赛（立功竞赛）的重大工程作为调研对象。首先，选择上海地区 4 个在建项目（上海迪士尼旅游度假区、上海西岸传媒港、上海国金中心、上海漕河泾综合开发项目）以及 3 家当地建设企业（上海建工四建集团有限公司、上海市第七建筑有限公司、中国建筑第八工程局有限公司）的项目现场发放问卷 210 份，回收 191 份；其次，基于现场发放经验，研究团队通过微信（Wechat）等网络平台对无法现场调研的（中国建筑第七工程局有限公司、中国建筑第三工程局有限公司、中建基础设施勘察设计建设集团有限公司、上海建工集团等）企业的外地项目进行培训和调研，从中选取 200 位项目管理人员为调研对象，共收到 117 个回复。调研过程并不完全随机，而是通过现场或在线进行逐一沟通，了解对方的项目经历、角色、职位等背景信息，以及对调研内容的理解，填写意愿之后，有选择地发出调研邀请，因此整体问卷质量能得以保障。最后，共调研了 410 位项目管理人员，收到 308 个回复，回复率为 76%。

3.4.4 样本特征分析

删除填写不完整或答案出现连续一致的回复，从中筛选出 260

位项目管理人员的有效回答作为样本[①]，共覆盖港珠澳大桥、京沪高铁、上海世博会园区建设、郑万高铁、上海地铁 10 号线、郑卢高速、苏通大桥、上海中心、上海迪士尼旅游度假区、南宁火车站片区基础设施工程项目群等在建或已建成的重大工程项目 151 个（在信息充分的情况下区分项目标段和分期），项目清单与问卷分布见附录 D。网络与实地调研有效问卷的比例为 90∶170，卡方检验和方差分析（ANOVA）表明不同来源的问卷信息不存在明显差异。MOCB 实地调研的样本项目基本信息见表 3.4。可以看出，调研项目中，国家级五年规划项目、省级五年规划项目和所在地重大/重点项目合计占比 96%（其余 11 个项目由于缺乏必要的项目信息，无法统计项目背景，根据项目的政府关联和参建方的政府关联的统计结果综合判断应满足重大工程的要求）。总体上，被调研项目在投资规模、项目背景、项目属性等方面具有较为突出的重大工程代表性和多样性。但限于我国当前各地经济发展的地区不均衡性，70%的项目来自华东和华南地区。由于重大工程参建方以国有企业为主，被调研的参建方超过 80%为国有企业。

参与调研的 260 位项目管理人员背景信息见表 3.5。应答者在教育程度、年龄、重大工程工作年限、参与项目实施的阶段等方面都具有较好的代表性，可以保证对调研内容的充分理解；95%的应答者为项目的中层以上管理人员，同时 50%以上的应答者在参建方所属

[①] 根据 Podsakoff 等（2014）关于高层次组织行为研究的观点，进行高层次组织行为数据采集时，一般情况下，由多位团队成员同时对所属团队的行为进行评价，评价结果应计算并报告所有团队成员反馈的一致性，包括 rwg、ICC1、ICC2 等系数。但由一位团队管理人员来代替团队整体进行评价时，管理者的回答一定程度上可以弥补同源方差，无需计算一致性（Chuang et al.，2010；MacKenzie et al.，2011）。本书应答者均为项目管理人员，筛选有效问卷时也确保了每个项目的特定参建方仅有一份问卷纳入研究，因此不再计算群体的一致性。

表 3.4 MOCB 实地调研的样本项目基本信息

变量	类别	数量	比例	变量	类别	数量	比例
项目投资规模	<10 亿元[①]	65	25%	开工年份	2001—2005	13	5%
	10 亿~20 亿元	81	31.2%		2006—2010	35	13.5%
	20 亿~30 亿元	18	6.9%		2011—2016	212	81.5%
	30 亿~40 亿元	23	8.8%	项目属性	政府投资项目	154	59.2%
	>40 亿元	73	28.1%		公私合作项目	48	18.5%
项目背景	国家级五年规划项目	17	6.54%		私有项目	55	21.2%
	省级五年规划项目	41	15.77%		其他	3	1.1%
	所在地重大重点项目	191	73.46%	参建方属性	国有企业	214	82.3%
	其他	11	4.23%		民营企业	23	8.8%
地区分布	华南	34	13%		外商独资/控股	18	6.9%
	华东	150	57%		其他	5	2%
	华北	23	9%				
	华中	33	13%				
	西部	20	8%				

① 根据附录 D 的项目清单和现场调研经验可知，应答者多以其所在的项目部或标段的投资金额做答，因此，实际的项目整体投资规模要远大于统计结果；但重大工程项目划分和分期建设情况较为复杂，限于数据的可获得性，本书未对所列项目的投资规模进行——统计，统计结果以应答者的客观数据为准。

表 3.5 MOCB 实地调研的项目管理人员背景信息

变量	类别	数量	比例	变量	类别	数量	比例
角色	业主方	89	34.2%	教育程度	中专	4	1.5%
	设计方	46	17.7%		高中	4	1.5%
	施工方	125	48.1%		大专	42	16.2%
年龄	<25 岁	31	11.9%		本科	128	49.3%
	26~35 岁	134	51.6%		研究生	82	31.5%
	36~45 岁	64	24.6%	性别	男	218	85.5%
	46~55 岁	26	10.0%		女	37	14.5%
	>56 岁	5	1.9%	项目职位	高层管理者	51	19.6%
重大工程工作年限[1]	<5 年	109	41.9%		中层管理者	196	75.4%
	6~10 年	73	28.1%		中层以下	13	5.0%
	11~20 年	54	20.8%	企业职位	企业中层	122	46.9%
	>21 年	24	9.2%		企业高层	27	10.4%
参与项目实施的阶段[2]	前期策划阶段	65	25%		中层以下	111	42.7%
	设计阶段	89	34.2%				
	施工阶段[2]	239	91.9%				
	运营阶段	15	5.8%				

① 仅指直接参与重大工程的工作年限,实际的工程建设工作年限要大于该年限,考虑研究的相关性,未做分析,见附录 C。
② 多数应答者同时参与过多个项目实施阶段。

企业担任中层以上职务[①]，保证了对其所代表的参建方的行为实施情况有充分的了解和对所属项目有较高的决策参与程度，反馈的答案可以较好地代表所属参建方行为的真实信息。根据本书的研究设计，应答者来自作者筛选的业主方、施工方和设计方，分别占比为34.2%、17.7%和48.1%，限于设计方在项目管理过程中的参与程度较低，样本占比相对较低。

3.5 研究小结

本章从专家访谈、事例收集、问卷设计、数据收集、样本描述性统计与数据分析方法等方面对本书的研究设计与过程从质性研究和实地调研两个方面进行了阐述。研究问题和变量选择经过文献综述和专家访谈两个环节，实现了理论与实践的结合，确保了研究问题有充分的理论依据和丰富的实践基础；问卷设计经历文献综述与内容分析、半结构化专家访谈、结构化访谈及小样本测试 4 个不断修改和测试的步骤，同时在可靠性验证方面做了深入分析，保证了问卷的合理性和科学性；数据收集在样本选择、被调查对象选择及样本发放和回收方面做了严格限制，可为有效数据的收集奠定基础。

---

① 问卷筛选时对中层以下的非管理人员问卷进行删除。

第 4 章
重大工程组织公民行为的识别

4.1 研究概述

　　对重大工程 OCB 现象的识别和特征分析是对这类现象展开深入研究的前提。MOCB 并不属于传统的项目管理内容，在重大工程日常项目管理系统中缺乏文本记录，根据第 3 章的研究方法选择可知，对这类现象的探索可以使用演绎与归纳相结合的质性研究方法（Podsakoff et al.，2016）。因此，本书采用归纳与演绎相结合的方法对 MOCB 现象进行识别，即通过公开资源收集重大工程中符合 OCB 定义的行为事例，然后采用文本分析的方法对收集的事例进行聚类，再通过多种方式对分类一致性和可靠性进行评价（Hinkin，1998；Kerlinger，1986）。参考同类文献（例如：Farh et al.，2004；Braun et al.，2012；Wong et al.，2010）的探索性研究过程，综合第 2 章与第 3 章的陈述，本章 MOCB 识别的归纳与演绎过程包括以下 4 个阶段，见表 4.1。

表 4.1 MOCB 的识别阶段

研究阶段	研究内容	研究过程
阶段Ⅰ：提出 MOCB 框架	步骤 1：文献综述	归纳、演绎
	步骤 2：半结构化专家访谈	归纳
	步骤 3：MOCB 事例收集	归纳
	步骤 4：事例聚类分析，得到 5 类 MOCB	归纳、演绎
	步骤 5：结合理论进行 MOCB 聚类修正	演绎
阶段Ⅱ：可靠性验证（1）	行业与学术专家结构化访谈	归纳
阶段Ⅲ：行业调研	重大工程项目管理人员调研	归纳
阶段Ⅳ：可靠性验证（2）	回归分析	归纳

根据访谈中专家的建议，本书选择一系列中国典型的重大工程项目，尤其是通过举办立功竞赛来激发参建方实施相关 MOCB 的项目，作为事例收集对象。根据已有文献中关于 OCB 的定义，由一名博士生和一名硕士生通过公开资源来收集这些项目中的 MOCB 事例。然后，汇总半结构化专家访谈中专家给出的 MOCB 事例，形成本章行为识别的事例集。基于事例文本分析，按照文献中 6 个 OCB 维度的内涵进行聚类分析，得到重大工程参建方 OCB 的初步维度框架和行为类别（对应测量中的题项）。基于第二轮的结构化专家访谈，对上述归纳分类结果的可靠性进行验证和修订，得到最终的 MOCB 维度模型。基于识别的 MOCB 5 个维度，采用文本分析法，提取和验证 MOCB 的情境化特征；然后，基于行业调研数据，采用统计工具分析 MOCB 的量化特征，包括业主方、施工方和设计方实施 MOCB 的整体水平，以及角色差异、参建方企业性质、重大工程组织模式等因素对 MOCB 的影响。最后，基于行业中 260 位项目管理人员的调研结果，采用回归分析法，再次对 MOCB 的 5 个维度、20 种行为类别的测量工具进行可靠性验证，确保实地调研测量工具的信度和效度。

因此，本章重点解决 3 个问题：①基于演绎与归纳相结合的方法，识别得到 MOCB 的维度和对应的行为类型；②基于识别的 MOCB 维度与文献中 OCB 的对比分析和行业调研数据的回归分析，提取和验证 MOCB 的情境依赖性特征；③结合行业实地调研数据对本章形成的 MOCB 测量模型进行信度和效度检验。

4.2 MOCB 识别的理论基础

4.2.1 OCB 研究的继承性

根据第 2 章关于 OCB 的文献综述可知，OCB 存在多种现象，不同学者将其定义为不同的维度。而实际上根据第 2 章进一步对维度之间内涵的演化过程分析可知：一方面，后继学者提出的新的维度内涵往往是基于原有维度的发展和演化，本身在内涵上有一定的继承性和关联性；另一方面，部分学者基于不同的理论视角提出的新维度，一定程度上拓展了 OCB 的外延，而具体的内涵与原有维度存在重复和交叉。因此，通过内涵分析可以将已有的 OCB 维度进行整合，提炼出基本的 OCB 维度体系，为本书的现象识别提供更加清晰的理论参考。

4.2.2 MOCB 识别的理论依据

本书基于不同维度的释义关联性分析，对同类或存在重复与交叉的维度重新进行整理，最终将 OCB 的 15 个维度聚合提取为 6 个维度，即帮助、服从、尽责、保持和谐关系、首创性和奉献，具体内容见表 4.2。上述 15 种行为释义将作为本书行为事例收集的直接理论依据，聚合得到的 6 个维度将作为本书识别 MOCB 维度框架的理论依据。

表 4.2 OCB 类型释义与维度聚合关系

序号	OCB 维度	OCB 类型	行为释义	参考文献
1	帮助	人际互助	自愿帮助他人解决问题	Organ, 1988; Farh et al., 2004; Graham, 1991
		自发合作	工作中自发帮助他人合作	Barbard, 1938
		善意提醒	提醒他人避免工作中出现问题	Organ, 1988; Podskaoff et al., 2014
2	服从	组织服从	接受和内化组织/项目中的规则、管制,即使无人监督	Graham, 1991
		项目服从	捍卫项目目标	Braun et al., 2013
3	尽责	组织忠诚	认同并忠于组织,保持激情,传播组织的正面消息,捍卫组织目标	Graham, 1991
		尽责	工作中自愿尽最大努力和加班	Organ, 1988; Farh et al., 2004; Podskaoff et al., 2014
		运动家精神	愿意忍耐工作中不可避免的不便,并保持积极的态度,不抱怨	Farh et al., 2004
4	保持和谐关系	人际和关系维护	促进和维持工作场合的和谐关系	Braun et al., 2013
		公民道德	愿意积极地参与组织管理,并保持良好的组织氛围	Organ, 1988; George et al., 1992
5	首创性	个体首创性	自发努力以超出职责范围的创造性和创新性来改进任务或组织绩效	Organ, 1988
		建言	提出建设性建议,不仅仅是评判	Van et al., 1994; George et al., 1997
		自我发展	自愿提高工作需要的技能、知识和能力	Farh et al., 2004; Podskaoff et al., 2000
6	奉献	工作奉献	自觉努力工作并积极实现组织利益最大化	Van Scotter et al., 1996

数据来源:作者根据文献资料整理分析得到。

在对 15 个 OCB 维度进行聚合的过程中，人际互助、自发合作、善意提醒这 3 种行为主要包括给人提供直接的帮助、提醒他人避免问题的产生、工作中相互配合等（Barbard，1938；Organ，1988；Farh et al.，2004；Graham，1991；Podsakoff et al.，2014），均以帮助为内涵，因此聚合提取为"帮助"；组织服从和项目服从主要包括服从组织或项目中的工作规定和相关规则、严格守时等（Graham，1991；Braun et al.，2013），两者的差异仅体现在服从对象的不同，不存在本质上的差异，因此聚合提取为"服从"；组织忠诚、尽责和运动家精神这 3 种行为主要是指无人监督时坚持较高的自我要求、主动工作、自愿加班、对艰苦条件的忍耐等（Organ，1988；Graham，1991；Farh et al.，2004；Podskaoff et al.，2014），均指组织成员对职责的自觉投入程度，即尽责程度，因此聚合提取为"尽责"；人际和谐、关系维护、公民道德这 3 个维度主要指组织中良好人际关系或氛围的建立和维护（Organ，1988；Farh et al.，2004；Braun et al.，2013），统一指向和谐的人际关系，因此，聚合提取为"保持和谐关系"；个体首创性、建言和自我发展这 3 个维度，尤其是后两者，根据图 2.1 可知，建言本身即演化自 Organ（1988）提出的个体首创性，自我发展则来源于自发行为的原始构念，均包含创造性地完成工作或提出建设性意见，以及自觉提高工作技能的内涵（Organ，1988；Van et al.，1994；George et al.，1997；Farh et al.，2004；Podskaoff et al.，2000），可聚合提取为"首创性"；奉献行为包括工作奉献（Van Scotter et al.，1996）。

4.3 重大工程的情境特征

George 等（1997）认为情境因素是影响 OCB 内涵与表现形式的重要因素。因此，重大工程情境要素是促使 MOCB 表现形式有别于一般项目或永久性组织情境的首要因素。重大工程的情境特征主要包括：①利益相关者角色的多样性；②政府主导特性；③跨组织社会网络属性；④高度不确定性。

4.3.1 重大工程的利益相关者角色的多样性

重大工程组织是由多个不同的利益相关者，包括政府、业主、施工、设计、监理、项目管理咨询、勘察、供货、拆迁、金融、运营、社会公众等，以及其他在项目全寿命周期内参与项目实施的组织及其相互关系构成的制度领域（Shao，2010；Eweje et al.，2012；Flyvbjerg et al.，2014；Hu et al.，2015）。不同角色的利益相关者之间建立和维护兄弟般的长期合作是重大工程项目管理的关键要素（Wang et al.，2006；Mazur et al.，2015）。另外，由于专业背景和承担角色的不同，他们的行为具有差异化特征（Hanisch et al.，2014），其价值诉求也往往因角色的不同而存在较大的差异，甚至超出了传统的项目边界（盛昭瀚等，2009）。

4.3.2 重大工程的政府主导特性

重大工程是政府或社会组织实现战略目标的重要工具（Eweje et al.，2012），往往由政府发起或受到政府的密切关注。因此，政府对很多重大工程项目的实施有重要影响，甚至起主导作用。一方面，发起方政府一般会提出具有较高挑战性的项目要求，并有权确定项目目标（Boateng et al.，2015），其复杂的决策机制往往会导致项目复杂性也随之大大增加（McKenna et al.，2006）；另一方面，业主一般由发起方政府组建的专业公司担任，其他参建方可能是国有企业或是与政府有密切关系的企业（Chi et al.，2011；Hu et al.，2015），因此，这类项目往往涉及多个利益相关者，包括代理机构、权威的当权者及行政人员等，项目进展不仅受到政治联盟的控制，还受到沟通与合作渠道的影响（Patanakul et al.，2016），最终导致政府关系管理成为重大工程面临的重要挑战之一（Eweje et al.，2012）。

4.3.3 重大工程的跨组织社会网络特性

重大工程所有参建方共同构成的项目组织是一个开放的复杂跨组织社会网络系统（Provan et al., 2014）。同时，有别于永久企业组织，重大工程本身，而不是项目组织，是这个跨组织网络的核心载体，且具有公共物品的属性（Tyssen et al., 2014; Flyvbjerg et al., 2014）。因此，项目的成功是网络中所有参建方实现价值诉求的前提（Ferreiraa et al., 2014）。而这类项目未来可预见的价值比项目组织更能驱动参建方的积极性，从而刺激参建方实施 MOCB（Chi et al., 2011; Braun et al., 2012）。由于重大工程突出的外部环境嵌入性和复杂跨组织网络边界的开放性，管理层级与角色边界模糊，存在大量的非正式跨组织协调工作（Hanisch et al., 2014; Shen et al., 2015）。因此，整体上，重大工程的跨组织网络是多元的，MOCB 发生跨组织层次并超出了传统的项目组织范围，且在一定程度上是随机发生的（Bakker, 2010）。

4.3.4 重大工程的高度不确定性

重大工程项目管理面临来自政治、社会、经济、技术和环境方面的挑战，存在大量的"黑天鹅事件"（Boateng et al., 2015; Flyvbjerg et al., 2014）。因此，重大工程具有高度不确定性，具体来看，包括以下几方面：①项目范围和目标经常随着时间出现较大的变更，统计结果显示，不可预见的情况是导致工期延迟和预算超支的主要原因（Flyvbjerg et al., 2014）；②受众多内外部利益相关者的委托，项目经理只是管理不确定性的代理人，对项目组织的界定不能仅仅局限于单独一方所属的组织，而应当将所有参建方视作一个整体（Wang et al., 2006），其首要职责是以任务为导向，通过不确定性的降解实现整体项目利益，并不是组织发展（Turner et al.,

2003);③项目任务具有独特性、不可重复性和高度不确定性（Engwall，2003；Flyvbjerg et al.，2014）；④项目管理是基于情境的，需要不断根据环境进行权变（Söderholm，2008）。在高度不确定性情况下，参建方之间相互的支持和协同是影响合作质量的关键因素（Dietrichl et al.，2010），其中，协同行为源自任务网络与项目管理之间的依存性和交互性（Alojairi et al.，2012），也具有权变特性（Brocke et al.，2015）。

4.3.5 MOCB 的情境化属性假设

（1）OCB 内涵的情境化属性

重大工程的情境特征不可避免地会影响参建方 MOCB 的表现形式，从而使其区别于已有文献中的维度体系。根据以上分析，本书初步认为 MOCB 可能会在以下 3 个方面具有独特性特征：①行为指向具有多元化特征，超出项目组织范围，指向所有内外部利益相关者构成的网络；②具有跨组织属性和灵活、持续的权变属性；③注重网络关系导向。因此，与已有文献中的研究情境相比，MOCB 更加复杂，相关现象和规律无法直接借鉴企业组织情境中的研究成果进行解释（Blatt，2008）。本书下一步将识别出 MOCB 的具体内容，并在 MOCB 特征分析中对上述情境化属性进行验证。

（2）项目组织中相关行为研究的情境适用性分析

根据本书第 2 章文献综述与理论基础可知，项目管理中 OCB 研究成果在不断增加，但多聚焦一般项目，且多为个体层次。这表明，OCB 在项目组织中普遍存在，对项目组织的重要性也日益得到重视。而相对于一般项目的个人行为，参建方是建设项目的核心行为主体，尤其在重大工程中，参建方实施的 MOCB 在应对不确定性等关键问题上意义更加突出。

4.4 MOCB 的识别过程

4.4.1 MOCB 事例收集

鉴于 MOCB 不属于常规项目管理内容，概念较为抽象，无法完全按照文献中通过随机方式大规模抽取实践人员进行举证的方式来收集事例；同时，文本数据收集的优势在于作者不需要直接接触研究对象和环境，不存在观测对研究对象的干扰，不会构成"霍桑效应"型偏差（李怀祖，2000），避免 MOCB 这一积极行为的社会赞许性偏差，获得的数据更具客观性。因此，本书仅借鉴 OCB 与项目管理领域研究中基于客观事例对相关现象进行识别的思路（Farh et al.，2004；Braun et al.，2012；Wong et al.，2010），具体过程中，则将参考文献中通过随机抽取的实践人员举证进行事例收集的方式调整为通过公开的文本素材主动搜索的方式进行事例收集，在此基础上对 MOCB 进行识别。

（1）事例收集范围的确定

本书的研究情境为重大工程，根据第 2 章关于重大工程的界定和特点，本书在事例收集时选取的重大工程案例遵循以下原则。

① 投资规模不低于立项年份 GDP 的 0.01%，是国家或地方各级政府经济发展规划中的重点/重大项目。

② 具有战略性和公益性的工程项目，建设过程会调动大量人力、物力、财力等社会资源，建成后更关注长期利益和带动效益。

③ 对国家或区域经济、社会、生态环境等产生深远的影响，是社会公众和舆论关注度极高的工程项目。

④ 工程案例的类型分布均匀，应覆盖到重大交通运输工程、重大交通枢纽项目、长大桥梁工程、重大水利水电工程、重大工业工程项目、重大赛事会展设施项目、重大房地产开发项目等各种类型

的工程项目。

由于重大工程往往牵扯较多的政治因素，从公开渠道获取数据的难易程度具有不确定性，本书根据以上原则对大量重大工程案例进行了初步资料核查，并根据第3章内容中的半结构化访谈中的专家建议，将举办过立功竞赛的重大工程项目作为首要的收集对象，最终从数据收集可行性角度出发确定了表4.3中的18个重大工程项目作为事例收集的对象。

表4.3 MOCB事例收集初步项目清单

重大工程类型	代表性项目	项目数量
交通运输	京沪高铁（J）、青藏铁路二期（Q）、上海中环高架（Z）	3
交通枢纽	浦东国际机场（P）、上海虹桥国际枢纽（I）	2
长大桥梁	港珠澳大桥（G）、杭州湾跨海大桥（H）、苏通大桥（ST）	3
水利水电	南水北调中线一期（S-N）、三峡工程（S）、洋山深水港（Y）、青草沙水库（C）	4
工业能源	西气东输二期（X）	1
大型赛事会展设施	北京奥运工程（A）、上海世博会园区建设（E）、上海迪士尼旅游度假区（D）	3
摩天大楼	上海中心大厦（T）	1
城市综合体	上海西岸传媒港（M）	1
总计		18

同时，关于每个案例中事例选取的数量，案例研究主要在于对典型案例剖析的深度，因此，本书的事例选择重点在于代表性，且限于收集渠道对数据可获得性的影响，对每个重大工程中的事例收集数量不做具体要求。

（2）事例收集的渠道

本章的文本数据主要来源于重大工程的纪实报告、官方网站、专题网页、新闻报道和现有文献等。报告文学是用文学手段处理新闻题材的一种文体，叙写现实中确实存在的事迹和人物，可以保证数据的准确性和客观性。重大工程的建设关注度高，涌现出大量OCB现象，相关先进实践和经验值得继承和发扬，因此，大量大型工程采取纪实报告的方式对有关工程建设进行总结，详细记录了建设过程中的杰出成就和参建方为此做出的努力等内容，为本书提供了丰富的研究素材。本书选用的纪实报告见表4.4。

表4.4　MOCB事例收集来源：纪实报告书籍

编号	名称	编著者	重大工程项目
1	《龙腾京沪：京沪高速铁路建设报告文学集》（上、下）	京沪高速铁路股份有限公司	京沪高铁
2	《青藏铁路19标段施工技术与研究》	周志东、周春清	青藏铁路
3	《巨变——洋山深水港》	彭高瑞	洋山深水港
4	《北京志——北京奥运会志》	北京市地方志编纂委员会	北京奥运工程
5	《北京奥运工程项目管理创新》	中国建筑业协会	北京奥运工程
6	《巨变——世博城》	胡廷楣	2010上海世博工程
7	《上海环球金融中心工程总承包管理》	王伍仁、罗能钧	上海中心大厦
8	《巨变：上海城市重大工程建设实录　虹桥综合交通枢纽》	田赛男	虹桥综合交通枢纽
9	《崛起的世博园》	上海世博事务协调局	2010上海世博工程

重大工程项目的官方网站、专题主页和新闻报道也是重要的网络资料来源渠道。项目官方网站一般由工程的建设委员会、建设管理局等主办，公布与该工程项目相关的通知公告、媒体报道、工程建设、社会环境影响、典型实践等所有信息，如"中国南水北调"

网站。由于重大工程往往也是参建企业重要的参与项目，得到企业内部的高度重视，因此也会有大量的建设报道、评论或专题，如通过三峡工程的主要施工方葛洲坝公司的官网，可以搜到1277篇与三峡工程建设相关的文章。因此主要参建方的企业官网也是重要的数据来源。重大工程竣工后，部分主流媒体会对该工程相关的新闻报道进行总结梳理，并附相关的评论综述等形成专题主页，如新浪网的"青藏铁路全新贯通"新闻专题。报纸等对重大工程建设过程的动态新闻报道、数据库中的报告文献等资料，尽管分布较为分散，但也是本书数据收集的重要补充。

（3）事例收集过程与结果

具体过程中，本书依据表4.2中OCB的维度与类型释义，在2014年11月—2015年9月期间，由从事OCB研究的一名博士研究生和一名硕士研究生通过上述渠道收集重大工程参建方实施的满足OCB理论定义的行为事例。

文本数据采集过程工作量庞大，工作周期漫长（前后经历了10个月的时间），需要通过大量文献阅读对OCB的概念、范围、表现等有较为深刻的理解，由此形成对OCB定义的理论认知作为在文本中搜索和筛选目标事例的标准。在具体事例收集过程中，鉴于本书研究的是参建方的OCB，对大量个人事例需要进行重点鉴别和筛选，因为这些个人事例无法代表参建方的整体行动，仅为个人行为，不符合本书的研究对象要求，不可纳入研究，如个人的加班无法代表参建方的赶工，需要放弃；另外，由于参建方的OCB，如互助、关系维护等维度，多发生在参建方之间，需要对关联参建方的行为进行分析，关联行为得到确认之后，才能形成原始数据个案。如世博会主题馆建设过程中，上海市安装工程有限公司（简称上安公司）在安装卫生洁具时，遇到施工图纸、施工条件等方面的困难，华东建筑设计研究院有限公司（简称华东院）及时提出了最佳方案，并帮助设计人员解决了出图问题，装饰施工单位配合解决了交叉施工中的安全作业问题，使洁具安装快速圆满完成。华东院在上安公司遇到安装困难时，主动帮助解决困难，属于参建方之间典型的协同行为。本书将类似的一个完整的事件整理成为一条原始数据，即记录为一个事例。类似的过程循环往复，以收集得到足够多的事例。

根据 Farh 等（2004）关于 OCB 研究的事例收集数量可知，有效的事例收集达到 500 个以上即可保证研究结论的可靠性。因此，本书在收集事例数量超出 600 个之后便停止搜索。最终，本书通过公开的文本素材搜索共得到 612 个满足要求的事例；第 3 章的半结构化访谈中，26 位专家举证共得到来自上海中海油大厦、郑州地铁 1 号线、昆明地铁 2 号线、上海火车西站和上海市公共卫生中心共 5 个重大工程的 40 个事例。因此，汇总得到 652 个事例，满足研究的可靠性要求。

MOCB 事例收集的项目分布见表 4.5。收集的 MOCB 事例共覆盖 23 个重大工程项目，包括交通类 4 个、长大桥梁 3 个、水利工程 4 个、大型赛事会展项目 3 个、摩天大楼等高层建筑 2 个。调研对象涉及业主、施工总承包和分包（含关键供货商）、设计、工程咨询、工程监理等主要建设单位，事例占比分别为 17%、34%、23%、15%、11%。

事例收集工作为本书提供了重要的现实基础。一方面，确保本书的研究对象源自重大工程实践中的客观现象，印证了本书研究的实践价值；另一方面，事例收集为行为识别提供了实践基础，有助于在行为识别的理论成果与重大工程实践之间建立有效的映射关系，确保结论可为客观实践提供切实可靠的理论依据。

表 4.5 MOCB 事例收集的项目分布

编号	项目名称	MOCB事例数量	投资额（亿元）	所在城市	项目类型	项目背景
1	上海世博工程（E）	97	286.8	上海	大型赛事与展览场馆	国家级五年规划项目
2	南水北调中线（S-N）	95	920	南阳、北京	水利工程	国家级五年规划项目
3	京沪高铁（J）	76	2209	北京、上海	高铁	国家级五年规划项目
4	三峡工程（S）	67	2485.37	宜昌、重庆	水利工程	国家级五年规划项目
5	青藏铁路二期（Q）	59	330.9	西宁、拉萨	铁路	国家级五年规划项目
6	港珠澳大桥（G）	44	720	香港、珠海、澳门	长大桥梁	国家级五年规划项目
7	北京奥运工程（A）	43	485	北京	大型赛事与展览场馆	国家级五年规划项目
8	西气东输二期管道工程（X）	42	463	霍尔果斯、广州	能源设施	国家级五年规划项目
9	洋山深水港一期港区（Y）	35	72	上海	港口	国家级五年规划项目
10	上海中心（T）	20	148	上海	摩天大楼	省级五年规划项目
11	杭州湾跨海大桥（H）	14	161	杭州	长大桥梁	省级五年规划项目
12	上海西岸传媒港（M）	10	100	上海	综合体	城市五年规划项目
13	苏通大桥（ST）	10	78.9	上海	长大桥梁	省级五年规划项目

续表

编号	项目名称	MOCB 事例数量	投资额（亿元）	所在城市	项目类型	项目背景
14	中海油大厦（ZHY）	8	18	上海	摩天大楼	城市五年规划项目
15	上海市公共卫生中心（SPH）	7	7.1①	上海	公共卫生设施	当地重大重点项目
16	上海中环高架浦东段（Z）	7	100	上海	高架快速路	省级五年规划项目
17	上海迪士尼乐园（D）	4	340	上海	主题乐园	省级五年规划项目
18	上海虹桥国际枢纽（I）	4	474	上海	大型航空交通枢纽	省级五年规划项目
19	青草沙水库（C）	3	170	上海	水利工程	省级五年规划项目
20	浦东国际机场二期（P）	3	207.7	上海	大型航空交通枢纽	省级五年规划项目
21	郑州地铁1号线（ZM）	2	150.8	郑州	地铁	城市五年规划项目
22	昆明地铁2号线（KM）	1	260.61	昆明	地铁	城市五年规划项目
23	上海西站（SHRS）	1	40	上海	车站类交通枢纽	城市五年规划项目
24	I-495和I-95快速通道	2	204	华盛顿	快速通道	美国州际计划
合计		652（不含I-495和I-95快速通道中的事例）				

① 该项目尽管投资规模较小，但被列为2004年上海市政府一号工程，因此满足本书对重大工程的界定。

4.4.2 MOCB 事例聚类分析

将汇总的 652 个 MOCB 事例进行编码，按照表 4.2 中 6 类现象的定义，通过文本分析确定每个现象的类别归属，无法归类的现象单列，由 2 名博士生对每个类别的行为现象进行分类分析和匹配，最终删除与 6 类现象无法匹配且无法归类的 57 个行为现象；之后，事例还剩余 595 个，划分为 6 类 MOCB 现象和 26 个行为类别。鉴于本书的事例收集全部来自公开资源，可能会由于收集渠道的限制导致某些 MOCB 现象遗漏，因此由 2 名博士生结合文献中的题项表达对题项的陈述进行了补充和理论化处理，通过与文献的对照，添加了 1 个类别 CCL6，最终共归纳出 27 个类别，见表 4.6。限于篇幅，具体事例聚类过程见附录 E。

4.4.3 MOCB 聚类分析的可靠性验证——结构化专家访谈

为了提高问卷的内容效度，本书同时参考 Farh 等（2004）OCB 研究及 Liu 等（2004）、Le 等（2014）关于项目管理领域研究的做法，进一步以结构化专家访谈的方式对聚类结果进行可靠性验证。首先，将 27 个初步行为类别对应的题项陈述按照类别名称逐条进行编码，并制作成专家打分表（见附录 B），发送给 14 位专家就是否同意保留该题项进行打分，同意为 1，不同意为 0。为确保访谈的可靠性和质量，被访者的行业背景和专业水平尽可能地做到了多样化，保证了访谈的信度，图 4.1 为 14 位结构化访谈专家的背景信息。其中，6 位学者为 40 岁以上、正在从事重大工程相关研究的大学教授，8 位行业专家均有 5 年以上重大工程工作经验，包括业主（2 位）、施工（3 位）和项目管理咨询（3 位）等单位的高层管理人员，详细名单见附录 F；两周后通过邀约，围绕问卷题项的陈述一致性和效度对专家进行了深度访谈，整理得到近 10 万字的访谈记录，同时对打分结果进行合并计算。结构化访谈专家的行业实践涉及的重大工程项目清单如下：

表 4.6 MOCB 的类别与维度

维度			行为类别	事例数量	占比	专家一致性	占比
MOCB	服从（PC）	PC1	我方（即我们企业，下同）自觉服从项目进度任务安排	33	6%	9	64%
		PC2	我方自觉遵守项目管理要求	15	3%	12	86%
		PC3	我方自觉服从项目制定的任务目标	68	13%	11	79%
		PC4	我方严格服从政府相关部门对项目提出的要求	24	5%	11	79%
	权变式协同（CCL）	CCL2	我方会在他上下工序和界面上给其他参建方提供便利	20	4%	11	79%
		CCL3	我方会帮助其他参建方解决建设困难，如借用设备等	29	5%	8	57%
		CCL4	我方会与其他参建方分享项目经验	21	4%	8	57%
		CCL5	我方会主动协调解决与其他参建方之间的冲突	1	0%	12	86%
		CCL6	我方会善意提醒其他参建方可能出现的错误	0	0%	7	50%
	尽责（CB）	CB1	根据项目需要，我方会主动组织加班	40	7%	10	71%
		CB2	我方对任务的执行精益求精，严格管理，即使无人监督	22	4%	7	50%
		CB3	我方自觉调用充足的资源（人、财、物）支持项目建设	22	4%	8	57%
		CB4	我方自觉参加组织团队培训	41	8%	8	57%
		CB5	我方自觉参加和支持项目组织的活动和会议	14	3%	11	79%

第4章 重大工程组织公民行为的识别

续表

维度			行为类别	事例数量	占比	专家一致性	占比
MOCB	和谐关系维护（HGM）	HGM1	我方主动与政府相关部门构建和谐关系	3	1%	14	100%
		HGM2	我方主动与外部利益相关方（移民、拆迁居民、项目周边居民、地方政府相关部门等）构建和谐关系	30	6%	13	93%
		HGM3	为了项目利益，我方不计较与其他参建方以任的过节	35	7%	11	79%
	首创性（IB）	IB1	我方创新性地提出了改进项目实施的方案	48	9%	9	64%
		IB2	我方主动采纳了先进技术与方法，如BIM、绿色建筑等	16	3%	8	57%
		IB3	我方指出了项目管理的改进机会和谐任可能性	15	3%	9	64%
		IB4	即使没有要求，我方仍会对项目实施提出建设性建议	21	4%	7	50%
		CCL1	项目实施过程中，我方会打破常规，确保完成任务	8	1.5%	2%	14%
		CB6	自愿承担额外的项目任务	8	1.5%	2%	29%
		HGM4	项目之外，我方积极与其他参建方保持联络	5	1%	1%	29%
		HGM5	我方从不积极给予项目及其他参建方负面的评价	0	0.0%	0%	36%
	总计			539	100%	—	100%
放弃题项	放弃维度工作奉献（JD）	JD1	为项目栖牲家庭责任	28	—	4	29%
		JD2	带病坚持工作	28	—	0	0%

注：CCL1、CB6、HGM4、HGM5为事例占比低于2.5%且专家同意保留比例低于50%删除的题项；根据专家建议删除"工作奉献"种类；依据文献添加CCL6和CCL5。

① 2010上海世博会园区建设。
② 上海虹桥国际机场交通枢纽。
③ 上海浦东国际机场。
④ 上海漕河泾高科技园区。
⑤ 上海国金中心（IFC）。
⑥ 南宁火车东站（高铁站）。
⑦ 上海西岸传媒港。
⑧ 上海迪士尼旅游度假区OC1。
⑨ 港珠澳大桥。

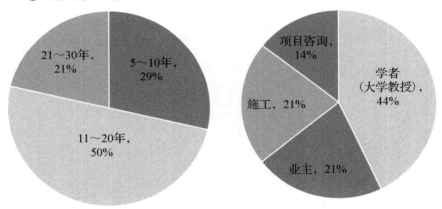

（a）被访专家的重大工程工作年限　　　（b）被访专家的角色

图4.1　结构化访谈专家的背景信息

考虑到科学研究的简约性要求，借鉴相关同类研究文献中的做法，本书采用以下两个判别规则对结构化访谈专家和事例占比计算结果进行分析：①将概念相近的行为表现形式合并为更加广泛、更为抽象的类别；②根据专家一致性意见对行为类别进行删减修订。本书遵循的判别标准为，若某类行为的事例占比低于2.5%（Farh et al.，2004），且专家一致性同意保留的比例低于50%（Liu et al.，2004），则表明大部分专家并不认为该类行为属于MOCB，且这类行为的发生频率相对较低。

4.5 MOCB 的多维度框架

结合访谈意见,第二轮访谈中,专家认为尽管普遍存在奉献行为,但纯粹的奉献行为是不可持续的,且仅属于少数个人行为,不属于参建方的集体行为,当前 OCB 文献中也较少涉及这一维度(Podskaoff et al.,2000;Podskaoff et al.,2014),因此,删除"工作奉献"这一类别的两个题项(JD1 与 JD2)共 56 个事例,最后剩余 539 个事例,5 个维度,25 个类别;计算 25 个行为类别的事例占比和专家同意保留的结果,见表 4.6。根据综合评判规则,删除事例占比低于 2.5%(Farh et al.,2004)与专家同意比例低于 50%(Le et al.,2014)的 CB6"自愿承担额外的项目任务"(事例占比仅为 1.5% 且专家认为这一行为并不值得提倡,易于失控)、HGM4"项目之外,我方积极与其他参建方保留联络"(事例占比仅为 0.9%,且专家认为该行为与项目无关)、HGM5"我方从不积极给予项目及其他参建方负面的评价"(无事例支持且仅为个人行为)、CCL1"项目实施过程中,我方打破常规,确保完成任务"(事例占比仅为 1.5% 且并不值得提倡,易于失控)4 个题项;同时,新增的 CCL6 得到了 50%以上的专家同意,因此保留;事例占比较低的 CCL5 得到 86%的专家同意,因此保留。根据专家意见,修改了题项中过多的解释性表达。经过上述多个步骤,最终得到 MOCB 的 21 个行为类别并进行编码,对应的 5 种 MOCB 分别命名为服从、权变式协同、尽责、和谐关系维护和首创性行为,由此得到 MOCB 五维度框架,见表 4.6。

4.5.1 服从

服从行为是指为实现项目目标,即使无人监督,重大工程参建方也自觉遵守项目组织网络中正式与非正式的管理制度、规范和要求的行为。该类行为共 140 个事例，占比 26%，为最高。具体行为包括：我方自觉服从项目进度任务安排（PC1，33 个事例，9 位专家同意保留）；我方自觉遵守项目管理要求（PC2，15 个事例，12 位专家同意保留）；我方自觉服从项目制定的任务目标（PC3，68 个事例，11 位专家同意保留）；我方严格服从政府相关部门对项目提出的要求（PC4，24 个事例，11 位专家同意保留）。值得注意的是，重大工程参建方的服从行为超出了项目任务范围，指向包括政府在内的重大项目利益相关者构成的社会网络，尽管政府并不直接参与项目的实施。这一点与文献中的 OCB 尤为不同。

4.5.2 权变式协同

权变式协同行为是指为了项目利益，即使未在合同中明确说明，参建方也会实时灵活地相互协助对方，彼此保持协同的行为。权变式协同行为共 71 个事例，占比 16.5%。具体行为包括：我方会在上下工序和界面上给其他参建方提供便利（CCL2，20 个事例，11 位专家支持保留）；我方会帮助其他参建方解决建设困难，如借用设备等（CCL3，29 个事例，8 位专家支持保留）；我方会与其他参建方分享项目经验（CCL4，21 个事例，8 位专家支持保留）；我方会主动协调解决与其他参建方之间的冲突（CCL5，1 个事例，12 位专家支持保留）；我方会善意提醒其他参建方可能出现的错误（CCL6，根据文献添加，7 位专家支持保留）。该类 MOCB 源自表 4.2 中的帮助行为，但重大工程中参建方的协同行为相对于个体层次的帮助行为更为复杂，一般发生在跨组织层次且具有自由裁量的权变属性（Söderholm，2008；Brocke et al.，2015）。

4.5.3 尽责

尽责行为是指为促进项目利益最大化，即使无人监督，重大工程参建方也会尽最大努力自觉做出超出最低任务要求的行为。该类行为共 139 个事例，占比达到 25.8%，共 5 个题项，与服从行为（占比 26%）同样较为普遍。具体行为包括：根据项目需要，我方会主动组织加班（CB1，40 个事例，10 位专家支持保留）；我方对任务的执行精益求精，严格管理，即使无人监督（CB2，22 个事例，7 位专家支持保留）；我方自觉调用充足的资源（人、财、物）支持项目建设（CB3，22 个事例，8 位专家支持保留）；我方自觉参加或组织团队培训（CB4，41 个事例，8 位专家支持保留）；我方自觉参加和支持项目组织的活动和会议（CB5，14 个事例，11 位专家支持保留）。其中，相对于表 4.2 所列文献中的 OCB，CB3 是重大工程情境中的新增题项。

4.5.4 和谐关系维护

和谐关系维护行为是指重大工程参建方积极与其他参建方等项目内外部利益相关者构建并维持和谐关系的行为。和谐关系维护行为共有 68 个事例，占比 13%。具体行为包括：我方主动与政府相关部门构建和谐关系（HGM1，3 个事例，14 位专家同意保留）；我方主动与外部利益相关方（移民、拆迁居民、项目周边居民、地方政府相关部门等）构建和谐关系（HGM2，30 个事例，13 位专家同意保留）；为了项目利益，我方不计较与其他参建方以往的过节（HGM3，35 个事例，11 位专家同意保留）。需要指出的是，该类别中的"关系"不同于西方文献中的关系（Relationship），相比之下，该类别中的"关系"的范围上更加广泛，包含了正式契约之外的非正式内容。

4.5.5 首创性

首创性行为是指参建方用创造性、创新性的方法努力完成甚至超越重大工程建设任务最低要求的行为。该类行为共包括 100 个事例，占比 19%。具体行为包括：我方创新性地提出了改进项目实施的方案（IB1，48 个事例，9 位专家同意保留）；我方主动采纳了先进技术与方法，如 BIM、绿色建筑等（IB2，16 个事例，8 位专家同意保留）；我方指出了项目管理的改进机会和潜在可能性（IB3，15 个事例，9 位专家同意保留）；即使没有要求，我方仍会对项目实施提出建设性建议（IB4，21 个事例，7 位专家同意保留）。首创性是与文献中相关 OCB 最为接近的维度。

4.6 MOCB 的情境依赖性

本节主要结合重大工程情境特征，通过与已有文献中的 OCB 维度与类型进行对比，分析 MOCB 的拓展性，通过维度的演化、具体行为类别的拓展等方面反映 MOCB 的差异性和独特性，提取和验证 4.3 节预设的 MOCB 情境化属性。

4.6.1 MOCB 的情境化属性验证

（1）服从

关于服从行为，有别于一般的项目服从和组织服从，重大工程参建方的服从对象超越了项目与组织，是一种指向项目组织网络的服从行为。重大工程是政府实现战略目标的重要工具，项目实施过程中的重大决策、组织管理等方面会受到内外部环境的多重影响（Eweje et al.，2012；Flyvbjerg et al.，2014），形成特定的组织网络关系（Scott et al.，2012）。被访专家指出，重大工程组织网络中同时存在行政管理系统和市场化的项目管理系统，如在我国很多重大工程项目采用的指挥部模式中，指挥部以政府名义开展协调和决策工作，而项目公司则以法人名义开展融资、建设管理和运营等工作（何清华等，2014），如港珠澳大桥管理局即为市场化的项目法人。项目高层管理者往往同时在政府部门和项目管理系统中兼任管理职务（Hu et al.，2015），参建方既要服从政府部门的行政权力来整合社会资源，又要服从市场化的项目管理规则来优化资源配置，做到

"两个依靠"(盛昭翰等，2009；Shao，2010；Eweje et al.，2012)。

(2) 权变式协同

权变式协同已经成为当前新兴项目管理范式的核心内容。重大工程中，参建方是不同的专业公司，建设任务具有高度的互补性和依存性，要求参建方行为必须具有协同性（Hoegl et al.，2004），这是避免冲突、降低不确定性的关键（Eweje et al.，2012；Hu et al.，2015）。参建方提供相互支持时必须根据关联方需求的内容与时机来进行决策。因此，参建方之间的互助行为明显有别于个体间的帮助，具有相互协同的内涵（Clegg et al.，2002；Alojairi et al.，2012；Crawford et al.，2013），互助的有效程度取决于他们彼此协同的程度（Li et al.，2014）。同时，由于重大工程具有高度不确定性并往往面临较大的进度压力（Bakker et al.，2013；Liu et al.，2014），项目范围和规模可能会随着时间产生重大变化和调整（McKenna et al.，2006；Flyvbjerg et al.，2014），项目管理也可能面临重大社会变革导致的复杂性涌现，这些均无法在正式合同中明确说明。因此，参建方的互助协同行为需要具有自由裁量的权变属性（Azhar et al.，2014；Brocke et al.，2015）。有鉴于此，本书将 OCB 中的帮助行为转译为重大工程参建方的权变协同行为。

(3) 尽责

尽责行为一直存在争议，因为职责一直以来被归为角色内任务。实际上，作为 OCB 的尽责行为主要是指自由裁量的努力程度，因为即使参建方的责任在合同中有清晰的约定，很多情况下他们的努力程度也往往是不够的（Organ，1988；Li et al.，2014）。事例收集结果和专家访谈一致认为，重大工程中的参建方普遍比较尽责。首先，重大工程具有一次性特征，多为公共物品（Flyvbjerg et al.，2014），受到社会媒体和公众的广泛关注，项目的成功实施可以产生巨大的政治与社会影响，一旦失误，会造成比一般项目更为严重的后果

(Mok et al., 2015)。如访谈中有专家指出,"任何一方都无法承担重大项目失误带来的损失"。因此,重大工程参建方往往非常尽责;其次,项目成功可以为参建方带来巨大的品牌效应和未来的隐性价值(Xing et al., 2009;Heere et al., 2012;Flyvbjerg et al., 2014)。即使无人监督,很多参建方也会自觉参加或组织团队培训,提高任务技能,根据需要主动赶工,对任务的执行精益求精,严格管理,必要时自觉调用充足的资源来支持项目建设,实现项目利益最大化。

（4）和谐关系维护

和谐关系维护行为是参建方的重要行为策略(Mok et al., 2015)。这种行为源自公民道德(Organ, 1988)的演化,是参建方基于长远考虑进行和谐关系维护的行为(Ahadzie et al., 2008;Braun et al., 2013)。目前,根据综述可知,主流的西方文献认为 OCB 的维度并不包含关系维护(Podsakoff et al., 2014),部分将关系维护定义为个体 OCB 维度的学者,如特定情境中的 OCB 研究(如 Farh et al., 2004),近期出现的临时性组织情境研究(如 Braun et al., 2013)等,在多数 OCB 实证研究中较为少见,而重大工程中的和谐关系维护则被认为是 MOCB 的重要形式(Li et al., 2014)。有别于个体对组织内部成员之间关系的一般关注,在重大工程中,与业主或其他承包商建立并保持长期的兄弟关系是项目管理人员的重要工作和目标之一(Wang et al., 2006),这种高质量的关系包含了互惠性的付出与给予,可以缓和重大工程中参建方之间的紧张状态和冲突(Chen et al., 2004;Xue et al., 2010),也有助于参建方之间增进彼此的了解和信任,建立长期的合作关系(Smith et al., 1995;Braun et al., 2013)。

（5）首创性

首创性本质上对应建言行为和自我发展(George et al., 1992;Farh et al., 2004)。重大工程的技术与设计方案往往是非标准化的,这使得重大项目管理面临比一般项目更高的不确定性(Brockmann et al., 2007; Flyvbjerg et al., 2014)。重大工程建设过程也是一个独特的、创新性的努力过程（Hanisch et al., 2014），建设任务具有较高的工期和质量要求，参建方需要在不突破预算和工期控制的情况下对项目实施方案进行不断的改进（IB1）（Maier et al., 2014）。因此，重大工程面临较大的进度压力（Flyvbjerg et al., 2014；Eweje et al., 2012），而工期约束则可以帮助参建方克服惰性等消极状态（Braun et al., 2012），促使参建方在有限时间内发挥才智，在技术与项目管理中不断发现改进机会和可能性，激发参建方的积极性和创造力，提出建设性的建议（Bakker et al., 2013）。但需要指出的是，访谈专家认为，重大技术创新不应当归为参建方的 OCB，因为通常情况下，重大技术创新均通过课题立项的方式签订合同委托专门的技术研究机构来完成，并未超出合约范围，属于角色内行为。

根据专家访谈的可靠性验证结果，奉献行为多为个体行为，且不可持续，因此，MOCB 不包括 OCB 中的奉献维度。MOCB 的 5 个维度中，从事例占比的结果来看，服从行为是最为普遍的 MOCB 形式。根据访谈可知，出现这一结果的主要原因可能在于政府在重大工程项目中的角色所致。专家指出，首先，我国重大工程的发起方政府对项目管理有重要影响，权力与政治因素在项目管理中拥有绝对的权威和影响力，这一点在文献中也得到了验证（Wang et al., 2006；Müller et al., 2014）。同时，专家也指出，政府的角色使得服从行为更为重要。其次，尽管市场经济已经确立多年，但当前我国行政体制的优势地位仍然相当普遍，这是导致服从行为中包含对权威政治体系表示服从的重要原因（Wang et al. 2013）。最后，我国当前建设行业的法律法规体系和合约体系仍不健全，项目实施往往依赖任务执行过程中的灵活应变，并不一定严格遵守签订的合同，而且这种现象被很多参建方视为理所当然。

根据以上分析，本书将识别的 MOCB 与文献中已有的 OCB 在维度特征进行对比，MOCB 的 5 个维度与 OCB 维度之间的演化对应关系见图 4.2。

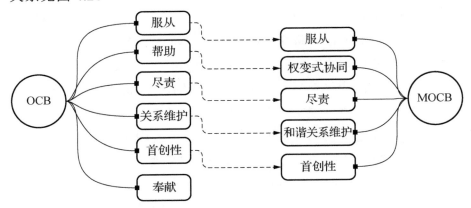

图 4.2　MOCB 的 5 个维度与 OCB 维度之间的演化对应关系

4.6.2　MOCB 的拓展性涌现特征分析

通过对比发现，MOCB 指向对象不限于项目组织，而是指向重大工程所有利益相关者构成的跨组织网络，行为具有跨组织属性。企业中 OCB 的行为指向一般为个人或组织（Podoskoff et al., 2014），项目领域中的个体 OCB 指向为项目（Braun et al., 2013），而重大工程参建方的 OCB 指向为重大工程的跨组织社会网络，包括政府、项目、社会公共机构等内外部利益相关者，这是由重大工程政府主导的制度环境特征决定的，这也反映了重大工程的社会嵌入性特征。需要特别注意的是，有别于以往个体或项目管理中的 OCB 现象，MOCB 在帮助维度上体现为权变式的协同行为，是多个参建方共同参与的跨组织交互行为（Li et al., 2014）；在关系维护上体现了中国强调和谐的文化特色，演化为和谐关系维护，且这种关系并非基于契约约定的合作关系，而是在以往及参与本项目建设过程中形成的正式与非正式和谐关系的维护，维护的对象也突破了组织的边界，不仅包括与其他参建方之间的和谐关系维护，还包括与政府相关部门、外部利益相关者（项目周围居民）等组织网络内的其他利益相关者的社会关系维护，这可能是由于中国的参建方对冲突的回避态度和对建立并维护长期和谐关系的重视（Chen et al.，2004；Lin et al.，2010）。而服从的对象也在组织的基础上扩展为跨组织的网络，如对项目发起方政府的服从等。尽责行为是参建方实施的较为普遍的 MOCB 形式之一，在 652 个事例中出现了 139 个，占比达 21.3%。除了与已有文献重叠的行为之外，重大工程中的尽责行为还表现为自觉调用充足的资源（人、财、物）支持项目建设（CB3）。在 MOCB 的 5 个维度中，根据事例占比和专家一致性同意保留意见可知，服从行为（事例占比 26%，专家同意保留的比例最低为 64%）是参建方实施的最为普遍的 MOCB 类别，首创性则排序最后。

4.6.3　MOCB 情境化属性分析

本书采用归纳与演绎相结合的方法探索性地研究了重大工程中的 MOCB 实践现状，最终识别出 MOCB 的 5 个维度。根据上述内容涌现特征分析可知，在重大工程情境因素的影响下，MOCB 的每个维度均在一定程度上呈现出情境依赖性，验证了本书第 3 章中关于 MOCB 情境化属性的分析假设，由此得到本书的 MOCB 五维度模型及其行为特征，见图 4.3。MOCB 的情境化属性主要体现以下 3 个方面。

首先，MOCB 的指向对象具有多元化特征。指向对象超出了项目范围，指向所有利益相关者构成的网络，具体包括重大工程（项目任务）、政府相关部门、其他参建方和外部利益相关者。项目任务与重大工程项目自身紧密相关，与其他两个指向对象——政府相关部门和其他参建方，均属于重大工程项目组织范畴，而外部利益相关者使得 MOCB 的指向对象跨出项目组织，覆盖了整个重大工程项目利益相关者网络。其中，首创性行为和尽责行为均指向重大工程

（项目任务）；服从行为的对象则指向重大工程（项目任务）和政府相关部门，这一指向仍未超出重大工程项目的组织网络，但已与一般项目中的 OCB 仅指向项目有所不同；权变式协同行为主要发生在参建方之间，而不是任何一个参建方内部；和谐关系维护行为的指向对象则涉及其他参建方、政府相关部门和外部利益相关者及其基于相互间关系构成的跨组织网络。

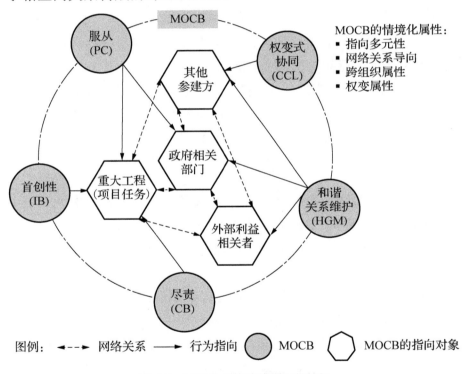

图 4.3　MOCB 五维度模型及其特征

其次，MOCB 具有跨组织和持续灵活的权变属性。行为主体和行为指向对象（除了项目任务）均为来自重大工程网络中具有多样化专业背景的组织，这导致 MOCB 具有跨组织属性。政府相关部门和外部利益相关者则导致网络具有开放性和更高的不确定性，因此，MOCB 必须根据情境进行灵活的权变。

最后，MOCB 注重跨组织网络关系导向。和谐关系维护行为是关联指向对象最多的 MOCB。这一类型的 MOCB 发生在参建方与政府相关部门、其他参建方及外部利益相关者之间，这涵盖了重大工程跨组织网络中的所有组织。表 3.1 的访谈专家普遍认为，和谐关系维护包含了大部分利益相关者之间正式与非正式的跨组织关联，已经成为参建方最为重要的行为内容。

上述特征也构成了 MOCB 与文献中 OCB 的差异，通过与表 4.2 中所列文献中 OCB 的 6 个维度对比，它们之间的差异主要体现在以下几个方面，见表 4.7。

表 4.7 MOCB 与 OCB 的特征对比和拓展性分析

类别	差异性	
	MOCB	OCB
维度差异	权变式协同，跨组织交互、权变	帮助
	尽责，增加 CB3 "我方自觉调用充足的资源（人、财、物）支持项目建设"的内容	尽责
	和谐关系维护，跨组织网络中的正式关系与非正式关系，强调和谐	关系维护，组织中的正式关系
	服从，服从的对象在组织的基础上扩展为跨组织的网络	服从
	首创性	个体首创性
	不包括奉献行为	奉献
指向对象	跨组织社会网络	组织或其中的成员
行为导向	网络关系导向	组织内部成员间的关系
行为属性	跨组织、权变	组织内部个体之间，较少考虑不确定性

4.7 MOCB 测量可靠性验证

本节基于第 3 章得到的行业调研数据，采用结构方程模型对形成的 MOCB 测量工具（表 4.6 中的 MOCB）进行了可靠性检验，为以后各章节对 MOCB 的量化特征分析、驱动因素及其效果进行研究提供了基础和支撑。

4.7.1 MOCB 因子分析

MOCB 问卷的 KMO 值为 0.911，Bartlett 球形检验统计值显著，表明适合进行因子分析。通过因子分析，MOCB 的克朗巴哈系数（Cronbach's α）大于 0.7，满足内部一致性要求。根据因子载荷分析对问卷的题项进行净化，MOCB 的测量项删除了 CCL1、CB6、HGM4、HGM5 这 4 个因子载荷低于 0.5 的题项，删除后该量表的 Cronbach's α 显著提升，变为 0.905，显示其具有良好的内部一致性。其中，服从、权变式协同、尽责、和谐关系维护和首创性维度的 Cronbach's α 分别为 0.87、0.805、0.848、0.746、0.833，显示各个维度具有良好的内部一致性。5 个维度对 OCB 的解释总方差为 61%，达到统计要求。

4.7.2 MOCB 测量的信度与效度分析

根据 PLS-SEM 评估结果，测度题项的交叉因子载荷见表 4.8，标准化因子载荷均处于大于 0.7 的控制水平（Hulland，1999），且 t 值均在最高水平上（$t>2.58$）呈现显著性，不存在交叉因子载荷，表明构念具有良好的收敛效度（Hair et al.，2011；Ning et al.，2013）；测度的信度与效度见表 4.9，表 4.9 表明，CR 值均大于 0.7，表明每个构念的组成效度均在控制水平之上（Hair et al.，2011），且所有 AVE 值都高于 0.5，每个构念的 AVE 平方根都高于它与其他构念之间相关系数的绝对值，表明构念具有良好的区分效度。

表 4.8　测量题项的交叉因子载荷

测量题项	CB	CCL	HGM	IB	PC	t 值（>1.96）
CB2	**0.7956**	0.4924	0.4806	0.4575	0.4804	32.467
CB3	**0.8500**	0.5018	0.5067	0.4264	0.5095	42.361
CB4	**0.8519**	0.5039	0.5865	0.4952	0.4776	47.299
CB5	**0.7885**	0.5349	0.5255	0.4670	0.5119	30.293
CCL2	0.4544	**0.7062**	0.4275	0.3378	0.4046	18.297
CCL3	0.4468	**0.7863**	0.4474	0.3961	0.3500	36.421
CCL4	0.5155	**0.8189**	0.4157	0.4633	0.4226	38.114
CCL5	0.4617	**0.8066**	0.3561	0.4174	0.4281	22.406
CCL6	0.5387	**0.7942**	0.4419	0.3592	0.4417	33.066
HGM1	0.5167	0.3959	**0.8213**	0.3891	0.4201	34.725
HGM2	0.6152	0.4903	**0.8875**	0.4010	0.4273	67.447
HGM3	0.4020	0.3999	**0.7093**	0.3740	0.2999	15.303
IB1	0.3917	0.3544	0.2615	**0.7498**	0.3546	18.212
IB2	0.4301	0.3812	0.4071	**0.7653**	0.3555	24.339
IB3	0.4935	0.4551	0.4444	**0.8859**	0.3811	59.302
IB4	0.5081	0.4487	0.4273	**0.8581**	0.3939	47.134
PC1	0.4549	0.4306	0.4052	0.3517	**0.8419**	37.313
PC2	0.5636	0.4312	0.3904	0.3934	**0.9029**	60.161
PC3	0.5363	0.4870	0.3923	0.4249	**0.8729**	42.979
PC4	0.4829	0.4252	0.4314	0.3678	**0.7752**	21.561

注：加粗部分为各题项在所测变量上的载荷值，所列 t 值为该载荷值对应的显著性水平。

表 4.9　测量的信度与效度（相关系数矩阵）

测量变量	AVE	CR	R^2	CB	CCL	HGM	IB	PC
CB	0.7442	0.8927	0.6940	**0.8627**				
CCL	0.6748	0.8880	0.6282	0.6185	**0.8214**			
HGM	0.6678	0.8497	0.5812	0.6393	0.5328	**0.8172**		
IB	0.6706	0.8886	0.5796	0.5618	0.5052	0.4787	**0.8189**	
PC	0.7277	0.9118	0.6291	0.6021	0.5231	0.4757	0.4542	**0.8531**

注：加粗部分为 AVE 值的平方根。

MOCB 五维度结构模型的评估结果见图 4.4。5 个维度与重大工程 MOCB 之间的路径系数均大于 0.7 的判别值,且均在最高水平上显著（t 值均大于 26.00）(Henseler et al., 2009)。表 4.8 显示,20 种行为现象与对应行为类型的因子载荷均大于 0.5 的判别值,均具有高度显著性（t 值均超过 15.303）。因此,MOCB 测量包含服从、权变式协同、尽责、和谐关系维护和首创性 5 个维度,20 个题项。

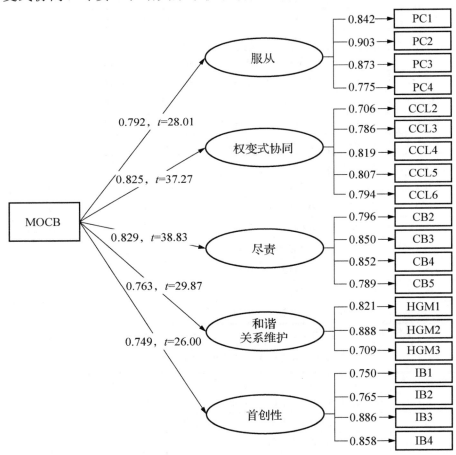

图 4.4　MOCB 五维度结构模型的评估结果

4.8 MOCB 的量化特征分析

4.8.1 MOCB 的整体水平

MOCB 测量工具的检验结果表明，本书识别的 MOCB 题项可以有效反映重大工程中此类现象的真实情况，测量数据可用于 MOCB 的量化特征分析。表 4.10 的均值统计结果显示，调研对象 20 个 MOCB（即每个测量题项）的均值均大于或等于 3.98，MOCB 的 5 个维度的表现水平如表 4.11 所示，均值均大于 4.00，反映了 MOCB 在重大工程中的客观性。整体上本次调研的重大工程中，业主方、施工方和设计方均实施了较高水平的 MOCB。

表 4.10 重大工程 MOCB

变量	编码	题项	均值	标准差
服从	PC1	我方自觉服从项目进度任务安排	4.38	0.650
	PC2	我方自觉遵守项目管理要求	4.45	0.578
	PC3	我方自觉服从项目制定的任务目标	4.41	0.618
	PC4	我方严格服从政府相关部门对项目提出的要求	4.48	0.648
权变式协同	CCL1[a]	我方会打破常规，确保完成任务	3.88	0.902
	CCL2	我方会在上下工序和界面上给其他参建方提供便利	4.25	0.709
	CCL3	我方会帮助其他参建方解决建设困难，如借用设备等	4.02	0.815
	CCL4	我方会与其他参建方分享项目经验	4.14	0.745
	CCL5	我方会主动协调解决与其他参建方之间的冲突	4.17	0.808
	CCL6	我方会善意提醒其他参建方可能出现的错误	4.37	0.654
尽责	CB2	我方对任务的执行精益求精，严格管理，即使无人监督	4.29	0.744
	CB3	我方自觉调用充足的资源（人、财、物）支持项目建设	4.28	0.782
	CB4	我方自觉参加或组织团队培训	4.21	0.721
	CB5	我方自觉参加和支持项目组织的活动和会议	4.36	0.621

续表

变量	编码	题项	均值	标准差
和谐关系维护	HGM1	我方主动与政府相关部门构建和谐关系	4.43	0.651
	HGM2	我方主动与外部利益相关方（移民、拆迁居民、项目周边居民、地方政府相关部门等）构建和谐关系	4.23	0.710
	HGM3	为了项目利益，我方不计较与其他参建方以往的过节	4.06	00.848
首创性	IB1	我方创新性地提出了改进项目实施的方案	3.98	0.805
	IB2	我方主动采纳了先进技术与方法，如BIM、绿色建筑等	4.07	0.847
	IB3	我方指出了项目管理的改进机会和潜在可能性	4.02	0.692
	IB4	即使没有要求，我方仍会对项目实施提出建设性建议	4.05	0.733

注：a 由于因子载荷低于判别值0.5，删除CCL1。

表4.11 MOCB的整体表现水平

MOCB	样本量	极小值	极大值	均值	标准差
服从	260	2.00	5.00	4.43	0.53
尽责	260	2.50	5.00	4.28	0.59
和谐关系维护	260	2.33	5.00	4.24	0.60
权变式协同	260	2.60	5.00	4.19	0.59
首创性	260	2.00	5.00	4.03	0.63

从表4.11中不同维度的表现水平来看，服从表现水平最高，其次依次为尽责、和谐关系维护、权变式协同、首创性。值得注意的是，根据质性研究结果可知，在五类MOCB中，根据事例占比和专家一致性同意保留意见，服从（事例占比26%，专家同意保留的比例为64%）是参建方实施的最为普遍的MOCB类别，其次是尽责（事例占比25.8%，专家同意保留的比例最低为50%）。这一结论与本节的调研数据分析结论一致，无论是行业调研结果还是事例聚类结果

均显示,重大工程中参建方均实施了较高水平的 MOCB,且其中最为普遍的 MOCB 是服从和尽责。这一结果也再次验证了本书质性研究结论的信度与效度。

4.8.2 MOCB 表现的角色差异性

(1) MOCB 整体水平的角色差异分析

为充分研究角色差异对 MOCB 的影响,本节结合质性研究结果对业主方、施工方和设计方的 MOCB 水平进行了综合分析。在质性研究过程中,对 26 位专家进行半结构化访谈的同时邀请专家对业主方、施工方、设计方三种角色实施 OCB 的积极性进行排序,见附录 A,并对不同性质参建方实施 OCB 的积极性进行评价。表 4.12 的结果表明,关于三种角色的 MOCB 实施水平,74%的专家认为三方的排序依次应为业主方、施工方和设计方,13%的专家认为应为业主方、设计方和施工方,另外 13%的专家认为三方的积极性无差异。因此,总体而言,专家一致认为业主方是最积极的,至少是与其他两方的积极性相同。

表 4.12 专家评价:不同角色参建方实施 MOCB 的积极性差异

评价内容	专家评价结果	占比
业主方>施工方>设计方	17	74%
业主方>设计方>施工方	3	13%
业主方=施工方=设计方	3	13%
合计	23[①]	100%

注:①26 位专家中有 3 位专家表明无法或不应该对业主方、施工方和设计方的差异进行评价,因此未纳入本次统计。

第一轮访谈结果表明,三个关键参建方业主方、施工方和设计方实施 MOCB 的积极性,其中业主方最为积极。同时,综合 74%的专家认为施工方的积极性高于设计方且并不低于业主方的事实来看，业主方和施工方均有较高的积极性实施 OCB，这主要是由于两者在实施阶段的参与程度较高，所有专家对业主方的评价较为积极和一致。根据访谈分析可知，专家认为这主要有 4 个方面原因：①业主方与政府之间的特殊关系，且业主方的积极性取决于政府的态度，而政府往往对重大工程的建设有较高的要求和期望；②业主方作为重大工程责任与风险的承担者，在重大工程跨组织网络中具有重要地位；③业主方的态度对于所有参建方实施 MOCB 的积极性有重要影响；④普遍认为，施工方是实施阶段的核心参与者，尤其在建设阶段，而设计方的参与则以设计咨询服务为主，参与程度与积极性均较低。

通过本次调研数据的描述性统计分析（表 4.13）发现，从不同角色的总体表现来看，施工方的 MOCB 表现水平略高于业主方，两者均略高于设计方，但总体差异并未达到较高的统计显著性要求[①]。因此，可以认为，一定程度上业主方、施工方与设计方的 MOCB 存在差异，但这种差异普遍不显著，即三方的 MOCB 总体水平不存在较大的差异。但三方的具体行为构成具有差异化特征。业主方在服从、权变式协同和和谐关系维护上均高于设计方，但均接近或低于施工方；施工方在权变式协同、和谐关系维护与首创性等行为上的表现水平均高于业主方与设计方，在服从和尽责上与业主方接近相同，但均高于设计方；设计方仅在首创性上与业主方的表现水平接近，其他行为上均低于业主方和施工方。

---

① 这一点在第 5 章的回归分析中再次得到验证，回归分析显示，参建方的角色（$\alpha=0.117$，$p<0.1$）对 MOCB 的影响有一定的差异性，但显著性不高。

表 4.13　业主方、施工方和设计方的 MOCB 表现水平对比分析

变量	PC 均值	PC 标准差	CCL 均值	CCL 标准差	CB 均值	CB 标准差	HGM 均值	HGM 标准差	IB 均值	IB 标准差	行为排序
业主方	4.47	0.54	4.19	0.52	4.20	0.58	4.15	0.62	3.96	0.66	PC-CB-CCL-HGM-IB
设计方	4.31	0.59	4.01	0.65	4.19	0.60	4.09	0.54	3.93	0.60	PC-CB-HGM-CCL-IB
施工方	4.48	0.48	4.27	0.57	4.22	0.62	4.36	0.56	4.13	0.60	PC-HGM-CCL-CB-IB
角色排序	施工方=业主方>设计方		施工方>业主方>设计方		施工方=业主方>设计方		施工方>业主方>设计方		施工方>业主方=设计方		NA

（2）MOCB 不同维度的角色差异分析

本次行业调研中，5 种现象的表现水平排序体现了不同角色对 5 种 MOCB 的重视程度。图 4.5 显示了业主方、施工方和设计方在各个维度上的表现水平，可以看出，服从行为是所有参建方表现水平均列第一的现象，这与基于事例观察的结果是一致的；还可以看出，尽管业主方是重大工程责任与风险的主要承担者，但无论是业主方、施工方还是设计方在尽责行为上并不存在显著差异，都是以同样负责的态度来完成建设任务。与事例观察不同的是，首创性则是所有参建方表现水平排序相对最低的现象。另外 3 种现象，业主方的排序为尽责、权变式协同与和谐关系维护，施工方的排序为和谐关系维护、权变式协同与尽责，设计方的排序依次为尽责、和谐关系维护与权变式协同。除了不同角色关于服从和首创性排序的一致性及其原因分析外，这种差异化源自重大工程情境特征及不同参建方的任务、职责分工和角色的差异性。与发起方政府的特殊关系及传统的甲乙方关系使得业主方在众多参建方中拥有较大的权力

和主导性，很多情况下，业主方本身就是施工方和设计方关系维护的对象（Wang et al.，2006），所以施工方和设计方对和谐关系维护的重视程度要高于业主方；当前项目中合作行为的核心参与主体是施工方和业主方（Wang et al.，2006；Braun et al.，2012），同时业主方和施工总承包方承担了大部分的协调工作（Winch et al.，2016），导致业主方和施工方对权变式协同更为重视，而目前在项目设计阶段设计方并不希望业主方和施工方的过多干预（Flyvbjerg et al.，2014；Li et al.，2014），建设过程中仅有设计代表参与决策商议，对施工阶段的参与程度同样较低，导致设计方在权变式协同方面表现较弱。

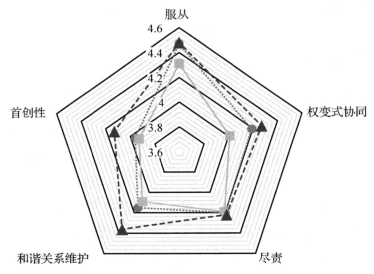

图 4.5 业主方、施工方、设计方 MOCB 的维度差异化特征

4.8.3 参建方企业性质对 MOCB 的影响

关于企业性质的影响，表 4.14 显示，57%的专家认为国有企业

比民营企业实施了更多的 MOCB，而另外 43%的专家则认为国有企业与民营企业的 MOCB 积极性并无显著差异。因此，总体而言，专家一致认为，国有企业整体上比民营企业积极性更高，至少不低于民营企业。从本书第 5 章行业调研的数据分析结果也可以发现，在不考虑其他变量的情况下，参建方企业性质对 MOCB 有显著的影响（$\alpha=-0.142$，$p<0.05$），两者结论基本一致。企业性质同样对重大工程参建方实施 MOCB 的积极性产生显著影响，国有企业普遍比民营企业有更高的积极性去实施 MOCB，至少不低于民营企业。访谈专家普遍认为，国有企业与重大工程尤其是政府投资项目的发起方存在固有的关联，两者在很多情况下利益高度一致，如国有企业高层管理者的任命及升迁与发起方的政绩均在较大程度上取决于所参与重大工程的项目交付，且大部分国有企业在实际上履行了政府的部分角色，相对于民营企业，承担了较大的社会责任。

表 4.14　专家评价：不同企业性质的参建方实施 MOCB 的差异

评价内容	专家评价结果	占比
国有企业>民营企业	13	57%
国有企业=民营企业	10	43%
国有企业<民营企业	0	0
合计	23[a]	100%

注：a.有 3 位专家表明无法对不同性质参建方的差异做出一致评价，故未纳入本次统计。

4.9　研究小结

基于近十年来 23 个重大工程中 652 个参建方的行为事例及来自实践和学术界的 40 位专家的访谈，本书识别了 MOCB 的 5 个维度和 20 个行为类别。结果表明，尽管建设行业普遍认为重大工程参建方往往只会基于合约和理性选择实施自我效用最大化的行动，但仍有参建方在项目实施过程中会为了其他参建方或项目的利益做出额外的努力,这种非理性的MOCB包括自觉服从对项目有利的规则和要求,彼此保持权变式协同,自觉建立和维护和谐的关系,对任务的执行尽职尽责、精益求精,积极思考和采纳创造性的任务交付方法等,它们分别对应5种行为:服从、权变式协同、和谐关系维护、尽责和首创性。MOCB不属于常规的合同范围,但往往会产生超出项目期望的交付结果,并不满足理性经济人的假设,一定程度上代表了参建方执行任务的主观能动性和创造力。从事例分布可知,5种行为中服从行为与尽责行为最为突出和普遍。

通过MOCB 5个维度的情境依赖性、量化特征等方面的分析,MOCB主要特征体现如下。

① MOCB指向对象多元化,包括重大工程项目任务、政府、参建方和外部利益相关者,且指向对象超出了项目范围,指向所有利益相关者构成的网络,行为指向对象是多元的。

② MOCB具有跨组织和持续灵活的权变属性。MOCB发生在重大工程参建方之间的跨组织网络,由于项目的高度不确定性,需要根据项目情形进行灵活应变。

③ MOCB注重跨组织网络关系导向。和谐关系维护行为是关联指向对象最多的MOCB,包括参建方、政府部门、关联参建方及外部利益相关者,这涵盖了重大工程跨组织网络中的所有组织。

④ 重大工程参建方整体上实施了较高水平的OCB,且其中最为普遍的MOCB是服从和尽责。

⑤ 业主方、施工方和设计方3种角色的整体MOCB水平并不存在显著的差别,而在不同MOCB维度上的具体水平则存在差异。具体表现为,施工方的5种行为表现均不低于甚至优于业主方和设计方,尤其是权变式协同、首创性和和谐关系维护等方面的表现尤为突出,业主方则在服从、权变式协同两个维度上表现较为突出;

需要指出的是，各个参建方的尽责程度并不存在显著差异，无论业主方、施工方还是设计方在重大工程建设过程中均以较高的要求尽职尽责完成建设任务。同时，参建方的企业性质等因素对参建方实施的 OCB 水平也并不存在显著影响。

根据信度与效度检验结果可知，本书提出的 MOCB 五维度模型满足内容效度、统计信度和效度的要求，可以作为测量工具为下一步的研究提供支持，也普遍用于重大工程建设管理中关于参建方积极性和相关行为的研究。鉴于业主方、设计方和施工方的角色差异对 MOCB 的整体水平并不构成显著性影响，后续研究将三者整合为一个统一的研究对象展开研究。

第 5 章
重大工程组织公民行为的内部驱动：利他动机

5.1 研究概述

团队利他理论及 OCB 的已有研究均表明，由于存在成本，参建方的 MOCB 不是完全自发的，必然由某种内在的动机来驱动，这些动机构成了 MOCB 的内部驱动（Bergeron et al.，2013；Bolino et al.，2013；Li et al.，2014）。了解这种行为的内部驱动即动机是其实施管理的重要前提。OCB 的动机是为了赢得未来某种潜在的隐性价值和长期的成功（Organ，1988），具有利他属性（Grant，2013；Li et al.，2014）。重大工程领域众多参建方之间普遍存在大量的利益冲突和矛盾（Turner et al.，2003；Wang et al.，2006；Flyvbjerg et al.，2014），尤其是腐败现象大量涌现（Le et al.，2014），导致项目管理中对参建方行为动机的考察存在功利性偏见，过多关注短期经济利益的满足（Leufkens et al.，2011），实际上参建方普遍存在长期价值诉求，并愿意为了其他参建方和项目的整体需要，对短期经济利益做出让步（Anvuur et al.，2007；Hu et al.，2014）。本书第 3 章的半结构化访谈中专家普遍提到的重大工程立功竞赛与已有研究均表明,参建方会为了某种动机优先考虑利他的决策,但这种动机一直没有得到证实(Müller et al.,2014)。有别于一般企业,作为一种临时组织,重大工程多为政府发起,参建方众多且来自不同的专业公司,导致 OCB 动机具有复杂性特征(Li et al.,2014),已有 OCB 的动机解释和个体层次的成果并不能直接解释参建方的 OCB(Blatt,2008;Heere et al.,2012),需要进行情境化研究。

综上,MOCB 的内部驱动表现为参建方的利他动机,但传统的研究观点认为参建方的行为都是为了获得某种短期私利,因此,对于利他动机对 MOCB 的驱动作用缺乏全面清晰的认知。当前,团队利他理论关于利他动机的相关成果为本书提供了依据(Podsakoff et al.,2014;Li et al.,2014)。基于上述背景,本章主要回答以下问题。

① 重大工程中参建方实施 OCB 的内部驱动即动机是什么?
② MOCB 的动机有哪些特征?

本章的目的在于通过上述问题的研究,探索和验证参建方 MOCB 这一现象背后的利他动机,并通过政府关联这一重大工程突出的情景因素对利他动机与 MOCB 关系的影响来考察不同动机之间的动态转换关系及其触发机制,以此揭示重大工程参建方实施 MOCB 的内部驱动。

5.2 MOCB 利他动机模型

OCB 追求的未来某种隐性的、潜在的价值是间接的,具有不确定性(Organ,1997)。团队利他行为理论认为,团队层次的 OCB 动机包括基于利己的利他和完全利他的双重动机。其中,基于利己的利他动机是指追求能够对自身企业发展或为团队带来长期价值的行为动机，这种动机降低了行为主体的短期效用（Li et al.，2014），是一种互惠性的长期效用动机；完全利他动机指团队努力做出完全利他行为的意愿（Grant，2008；Hu et al.，2014）。因此，评断参建方利他动机的一个关键标准就是这种行为降低行为主体短期利益的程度（Li et al.，2014）。

在重大工程中，参建方代表他们背后的企业采取行动（Smith et al.，1995；Turner et al.，2003），这些企业在某些领域已经取得巨大的成功（Liu et al.，2010），并不仅仅计算自我利益和短期经济收益，行为动机有显著的社会性和长期性（De Dreu，2006；Grant，2013）。这类参建企业普遍存在追求对社会和大众带来收益的、完全利他的亲社会动机（Li et al.，2014），通过实施 MOCB 对重大项目成功做出贡献是实现亲社会动机的重要手段（Chi et al.，2011）。因此，重大工程参建方普遍存在追求社会福利改善的社会价值（Social Value，SV）动机（Li et al.，2014；Li et al.，2014）。

基于利己的利他动机主要指参建方为了自身长远发展的利益而放弃自己的短期利益，提高其他参建方或项目利益的动机（Li et al.，2014；Li et al.，2014），如追求企业长远发展利益的企业发展动机（Firm Development，FD）。这类动机的主要特性在于"短期利他，长期利己"，具有突出的互惠性特征（Reciprocity），为提高相关概念的直观性，本书将其称之为互惠动机（Reciprocity Motivation）。

重大工程普遍由政府发起并主导项目建设，形成了突出的项目政府关联，而参建方多为国有企业或与政府高度关联的成功企业（Liu et al.，2010；Chi et al.，2011；何清华等，2014），很多项目管理人员在半官方的行业协会兼任职务等，形成参建方政府关联。为了更为直观地阐述重大工程中普遍存在的政府关联，本章分析了当前在建的港珠澳大桥这一典型重大工程的项目政府关联和参建方政府关联，见图 5.1 和图 5.2。其中，图 5.1 显示了该项目的政府关联。可以发现，该项目的发起方港珠澳大桥专责小组是由国家发展改革委员会副主任张晓强担任组长，交通运输部副部长翁孟勇担任副组长，小组成员则分别来自于国务院港澳办、交通运输部、广东省政府、香港特别行政区政府运输及房屋局、澳门特别行政区政府运输工务司等政府部门。因此，该项目具有较为显著的政府关联。图 5.2 则显示了该项目参建方的政府关联。该项目主体工程的 52 家参建方中，国有企业背景的参建方共有 34 家，占比 65%，大型国有企业的关联企业，如全资子公司、挂靠企业等 8 家，占比 15.3%，而未发现显著政府关联的参建方仅有 10 家，占比仅为 19%，且其中 8 家为国际知名工程咨询公司，国内企业仅有 2 家。因此，该项目的参建方同样具有较为显著的政府关联。

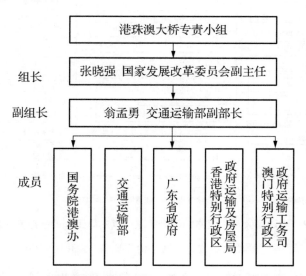

图 5.1 港珠澳大桥项目的政府关联（以项目发起方为例）

（资料来源：作者根据港珠澳大桥官方网站及相关参建方公开信息整理）

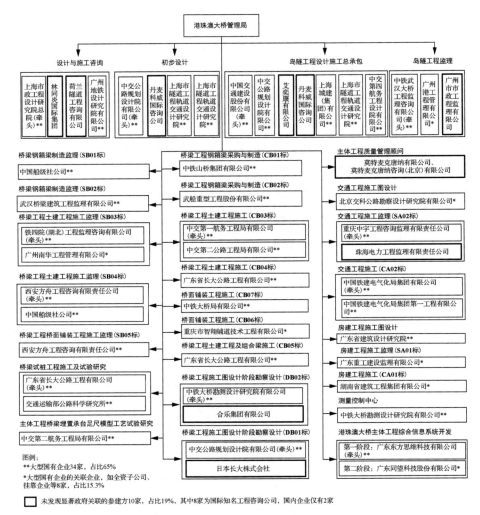

图 5.2　港珠澳大桥参建方的政府关联（以主体工程的参建方为例）

（资料来源：作者根据港珠澳大桥官方网站及相关参建方公开信息整理）

通过参与具有政府关联的重大工程项目建设是企业保持和加强政府关联，实现政治诉求的重要渠道（Li et al.，2011），尤其是国有企业高管可以通过参与重大工程建设获得政治升迁（Flyvbjerg et al.，2014），还可以通过获得政府的内部消息、满意评价，从而得到有利于自身的更高的合法性、更多的资源支持和市场准入权等,以大幅提升市场竞争力(Li et al.,2014)。因此,重大工程参建方还存在政治诉求(Political Appeal,PA)的动机,即获取政府资源、建立政府关系甚至得到政治升迁的动机。这种动机也有"短期利他、长期利己"的属性,也属于互惠动机。因此,有别于对自身短期经济利益的追求,重大工程参建方实施 OCB 的动机有包含企业发展和政治诉求的互惠动机与社会价值动机,均包含利他成分,由此构建 MOCB 的利他动机模型,见图 5.3。

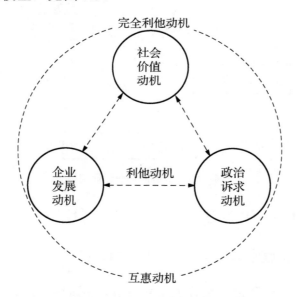

图 5.3　MOCB 的利他动机模型

动机对行为的驱动作用会受到任务情境的调节(Hackman,2002;Podsakoff et al.,2014)。上述分析可知,重大工程突出的情境特征之一为普遍存在的政府关联(何清华等,2014;Liu et al.,2016)。因此,政府关联对重大工程建设过程中参建方的行为和动机的关系有重要影响(McKenna et al.,2006;Sun et al.,2011)。由于参建方与项目发起方的政府关联并不完全重叠,本书为了更加清晰地揭示动机的触发机制，分别从项目发起方和参建方两个角度构建调节变量来考察政府关联这一情境因素对利他动机驱动 MOCB 的影响。综上，本书构建的 MOCB 内部驱动研究模型见图 5.4。

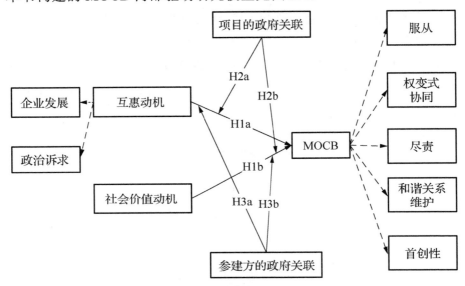

图 5.4　MOCB 的内部驱动研究模型

5.3　假设提出

5.3.1　重大工程参建方实施 MOCB 的动机

OCB 的双重动机一定程度上都存在真正的利他成分，即提高他人的福利和自我牺牲，如付出更多的时间和资源，忍耐一时的效用损失等（Li et al.，2014）。重大工程参建方实施的 MOCB 具有跨组织属性（Brion et al.，2012；Anvuur et al.，2012），对他方需求的关注程度更高（Li et al.，2014）。首先，重大工程的公共物品属性可以满足参建方承担社会责任，为公众利益做出自我牺牲的意愿（Cun，2012；Shim et al.，2015）；同时，项目的突出意义使得参建方以参与该项目为傲，更是企业社会价值的重要体现，这种自豪感使得他们自愿付出额外的努力（Aronson et al.，2013），满足内在的社会价值动机。其次，参与重大工程建设是展示参建方自身实力和品牌形象的良好机会，品牌效应和参与经历可以帮助企业获得更多的项目机会和发展空间（Xing et al.，2009；Heere et al.，2012；Chi et al.，2011；Flyvbjerg et al.，2014）；这类项目一般具有较高的要求，通过参与重大工程建设，参建方也可以大幅提升技术创新和管理能力，培养优秀人才，提高团队项目建设能力；对于这些特定领域的优秀企业，用优异的表现来维护和保持较好的形象与行业地位等长期收益要比赢取短期利益重要得多（Liu et al.，2010；Turner et al.，2003），这种企业发展动机使得参建方自愿与关联参建方进行有效的协作来获取长远的成功（Batson et al.，2008；Hu et al.，2015）；而参与重大工程也是满足政治诉求动机的良好机会，表现优异的参建方可以获得优质的政府资源并促进政治升迁(Flyvbjerg et al.，2014；Li et al.，2011)。因此，参建方会为了企业发展的长远价值和政治诉求等互惠动机的满足，对短期利益做出让步，实施大量的 MOCB(Grant，2013；Li et al.，2014；Hu et al.，2015)。最后，重大工程任务的高度依存性和普遍的跨组织行为使得利他动机不断得以传播、放大和强化（De Dreu，2006；Cameron et al.，2011；Aronson et al.，2013），从而使参建方实施 MOCB 的整体水平可以得到普遍提升。基于以上讨论，本书就重大工程参建方 OCB 及其两种动机的关系提出如下假设。

H1a：参建方的互惠动机与 MOCB 具有显著的正向关系。

H1b：参建方的社会价值动机与 MOCB 具有显著的正向关系。

5.3.2 重大工程政府关联的影响

（1）项目政府关联的影响

政府往往在很多方面掌握着资源分配（Li et al.，2011），突出的政府背景使重大工程代表着丰厚的利润和未来持续的项目机会

（Flyvbjerg et al.，2014；Chi et al.，2011），为了得到长期价值的满足，参建方愿意对眼前利益做出更大的让步，做出更多的 MOCB（Xing et al.，2009）。同时，项目的政府关联越强烈，意味着参建方通过参建该项目实现的社会影响更大（Sun et al.，2011），带来的媒体关注更高，体现的社会价值更高，获得的社会认可更高（Chi et al.，2011），也可以帮助参建方获得更多的政府资源分配权和政治升迁机会（Flyvbjerg et al.，2014）。因此，参建方愿意牺牲更多的成本去实施 OCB。

H2a：项目的政府关联越强，参建方的互惠动机与 MOCB 的关系越强烈。

H2b：项目的政府关联越强，参建方的社会价值动机与 MOCB 的关系越强烈。

（2）参建方的政府关联的影响

政府关联较强的参建方一般可以通过政府相关规制部门获得较好的社会地位与影响力（Liu et al.，2010；Chi et al.，2011）。为了继续维持和提高这种合法性地位，也会比一般企业更愿意放弃短期利益，表现出更高的积极性，从而实施较为突出的 MOCB（Grant，2008；Li et al.，2014）。同时，参建方的政府关联越强，意味着企业接触政府决策者的机会更多，实施的 MOCB 更易被观察到，从而更易获得新的项目机会和稀缺的商业资源（Li et al.，2011）；尤其是很多国有企业的高管往往由政府任命，且同时兼任政府职务（何清华等，2014；Hu et al.，2015），具有较强的政治诉求（Li et al.，2014），而参与重大工程是满足政治诉求的重要渠道（Li et al.，2011）。

H3a：参建方的政府关联越强，其互惠动机与 MOCB 的关系越强烈。

H3b：参建方的政府关联越强，其社会价值动机与 MOCB 的关系越强烈。

5.4 研究方法

5.4.1 变量测量

（1）基于情境依赖的 MOCB 动机测量

为了准确提炼重大工程参建方 OCB 的动机，本章根据 Li 等（2014）对量表和利他动机的分类，通过 26 位专家访谈对量表进行修订（详见本书附录 A 中关于动机的访谈问题）。根据 OCB 及其动机的定义，请 26 位专家列出他们认为的重大工程 MOCB 动机，为了提高动机量表在重大工程情境中的信度和效度，本章在该环节并未将文献中已有的动机条目告知被访者；访谈结束之后，通过对访谈录音进行整理分析，得到动机描述 35 项，再综合 Li 等（2014）的观点，将其分为互惠动机和社会价值动机两类，对相似或相近的条目进行合并，最终得到 10 个条目。由 1 名硕士研究生和 1 名博士研究生据此对文献中的动机条目进行对比和情境化处理，其中，互惠动机量表中添加了"为了得到其他参建方的好评"（ED4）和"为了获取更多的政府资源支持"（PA3）等文献量表中没有的条目，共得到 7 个条目，加上社会价值动机量表未做删减的 3 个条目，共计 10 个条目，构成初步的 MOCB 动机题项。

（2）重大工程政府关联的测量

重大工程政府关联的测量选用了相同文化背景下的研究成果（Li et al., 2014）中企业高层与中央政府的政治关联量表作为基础。考虑到当前基础设施建设在各级地方政府经济发展中的重要作用及两者之间的特殊关系（Chi et al., 2011），本书按照中国政府的行政划分，将该量表拓展为与重大工程相关联的 5 个层次，包括中央、省级、地级、县级、国有企业，采用李克特五分量表，分别从参建方和项目两个方面来全面衡量重大工程与政府之间的复杂关系。

基于以上文献分析、访谈、量表修订形成本章的初步问卷，由两名博士研究生对题项的陈述进行理论化处理。为了提高问卷的内容效度，本章也参考了 Le 等（2014）的做法，进一步通过前文 14 位专家的结构化访谈对问卷题项进行了修订。根据打分结果和专家意见，动机问卷中无平均分低于 2.5 的条目，因此保留全部动机问卷（Liu et al., 2004）；访谈中专家认为重大工程项目或参建方与政府之间普遍存在非正式关联，同时结合 Li 等（2011）对中国文化中特有的政府圈层关系渠道的描述，题项中对政府直接关联的评价修订为对政府关联程度的评价，将隐性政府关联也纳入研究。经过上述多个步骤，最终得到调研问卷，见表 5.1（对应附录 C 的第一、二、三部分）。

表 5.1 MOCB 利他动机及政府关联的测量

变量	编码	题项	因子载荷	均值	标准差
企业发展（FD）	FD1	为了未来可以得到更多的项目建设机会	0.756	4.25	0.725
	FD2	为了未来可以与其他参建方有更多的合作机会	0.853	4.13	0.718
	FD3	为了得到各种荣誉，提升本单位的品牌形象	0.819	4.28	0.704
	FD4	为了得到其他参建方的好评	0.826	3.94	0.769
社会价值（SV）	SV1	为了通过参与重大工程赢得行业和社会的信任与尊重	0.907	4.30	0.653
	SV2	为了通过参与重大工程建设解决社会问题，承担应尽的社会责任	0.835	4.06	0.788
	SV3	为了影响建筑领域的技术进步与行业发展	0.767	3.91	0.847
政治诉求（PA）	PA1	为了影响国家或当地的经济发展	0.865	3.84	0.784
	PA2	为了高层管理者的政治前途	0.717	3.80	0.820
	PA3	为了获取更多的政府资源支持	0.767	3.92	0.742

续表

变量	编码	题项	因子载荷	均值	标准差
政府关联（GC）	GC1	我方项目管理团队与中央政府相关部门的关系强度	0.828	2.57	1.270
	GC2	我方项目管理团队与省级（含直辖市）政府相关部门的关系强度	0.837	3.31	1.072
	GC3	我方项目管理团队与地级（含直辖市下设的行政区）政府相关部门的关系强度	0.645	3.61	1.043
	GC4	我方项目管理团队与县级政府相关部门的关系强度	0.698	3.43	1.255
	GC5	我方项目管理团队与相关国有企业的关系强度	0.785	3.87	1.022

注：FD4 和 PA3 是专家访谈添加的题项，SV1 是删除后使 Cronbach's α 优化的题项；由于后续被调研项目与中央政府的关联普遍较低，均值低于 3.0，因此，删除 GC1。GC 为参建方的政府关联的数据分析结果，项目的政府关联为同一量表，不再重复计算。

5.4.2 样本选择与数据收集

本章数据收集与第 3 章的行业调研同步进行。调研过程和对象均保持一致，因此不再重复。由于项目问卷数据均来自单一调研对象，而且研究变量易于出现社会赞许性偏差，因此导致数据信息可能会存在共同方法偏差（Common Method Variance，CMV）（Podsakoff et al.，2003）。在研究过程中，作者均选择各项目参建方管理人员作为调研对象，同时通过问题重测及承诺项目信息保密等程序控制方法减少共同方法偏差产生的可能性（并通过现场问卷收集的经验对网络问卷进行修订）；在统计控制方法方面，Harman 单因素检验显示旋转前的单个主成分因子对本章相关变量所有测量指标的解释方差为 28.80%，表明共同方法偏差问题并不会对数据质量产生显著影响（Podsakoff et al.，1986）。

5.5 分析与结果

5.5.1 测量工具的信度与效度分析

本章关于 MOCB 的测量采用第 4 章经过信度与效度检验的 5 个维度和 20 个行为类别（题项）作为工具。政府关联量表的 KMO 值为 0.80，Bartlett 球形检验的卡方近似值为 603.492，在 $p<0.001$ 水平上显著，表明适合进行因子分析。根据分析结果，政府关联的测量项删除了 GC1（均值小于 3），删除后该量表的 Cronbach's α 为 0.827，内部一致性满足要求。

关于动机的量表，由于对基于团队利他理论的动机框架进行了情境化处理，本章采用探索性因子分析对测量工具进行再次验证。探索性因子分析为表 5.2 中的 7 个互惠动机和 3 个社会价值动机的测量项。因子分析前互惠动机和社会价值动机的 KMO 值分别为 0.751 和 0.652，Bartlett 球形检验的卡方近似值分别为 593.178 和 251.347，统计值均在 $p<0.001$ 水平上显著，表明各动机测量项之间可能存在有意义的联系，适合进行进一步的因子分析。表 5.2 显示了两个构念的因子分析结果。其中，互惠动机测量项因子分析共提取了 2 个特征值大于 1 的公因子，旋转后的因子载荷矩阵均大于 0.7。因此，7 个测量项分别与两个互惠动机存在良好的对应关系，各指标在对应公因子上的载荷显著大于 0.5 的判别值（Hair et al., 2010），且显著高于其他公因子上的载荷，解释总方差为 65.26%，解释度良好。这一结论符合上述互惠动机在重大工程中为二阶构念的观点，因此，将两个公因子分别命名为企业发展动机和政治诉求动机，Cronbach's α 均大于 0.7。社会价值动机的 3 个测量项通过因子分析共提取一个特征值大于 1 的公因子，满足测量项与前文动机类别的对应关系。同时，基于 10 个测量项的共同因子分析结果发现，SV1 存在交叉载

第 5 章 重大工程组织公民行为的内部驱动：利他动机

荷现象，且删除之后社会价值动机的内部一致性得以改善，Cronbach's α 为 0.80，因此删除 SV1 测量项，删除后该因子解释总方差为 83.094%，解释度良好。

表 5.2 MOCB 利他动机的探索性因子分析结果[①]

测量项	MOCB 的互惠动机因子		MOCB 的社会价值动机因子
	因子 1（企业发展动机）	因子 2（政治诉求动机）	因子 1（社会价值动机）
FD 1	**0.813**	−0.017	—
FD 2	**0.820**	0.142	—
FD 3	**0.807**	0.164	—
FD 4	**0.744**	0.260	—
PA 1	0.063	**0.738**	—
PA 2	0.082	**0.794**	—
PA3	0.262	**0.813**	—
SV1	—	—	**0.781**
SV 2	—	—	**0.898**
SV 3	—	—	**0.834**
特征值	3.107	1.461	1.662
方差贡献率	37.375	27.883	83.094
累计方差贡献率	37.375	65.257	83.094

基于以上分析结果，为了验证变量信度和效度，本章借鉴 Chen 等（2005）的做法，仍然采用 PLS-SEM 工具 SmartPLS2.0M3 首先对测量模型进行全面评估，同时也对上述量表的优化结果进行检验，以免影响后续研究结果。

---

① 互惠动机与社会价值动机的构念源自于已有的理论框架，无需进行整体探索性因子分析，本书仅分别对两种动机单独进行探索性因子分析，即表 5.2 包含两次探索性因子分析，因此不存在互惠动机因子与社会价值动机因子的交叉载荷。

测量模型评估结果如表 5.3 所示，结合表 5.1 中内容，主要有 3 个结果：①所有因子载荷均大于 0.5 的判别值，且 t 值均超过 2.58（即 $p<0.001$），表明测量效度是可接受的（Hair et al., 2011；Ning et al., 2013）；②CR 值均大于 0.5，表明每个构念的组成效度均在控制水平之上（Hair et al., 2011）；③标准化因子载荷均处于大于 0.7 的控制水平（Hulland, 1999），且 t 值均在大于 2.58 的水平上高度显著，不存在交叉因子载荷，表明变量具有良好的收敛效度（Hair et al., 2011）。

量表的信度和效度（相关系数矩阵）如表 5.4 所示。表 5.4 表明，所有 AVE 值均大于 0.5，且每个变量的 AVE 平方根都高于它与其他变量之间相关系数的绝对值，表明变量具有良好的判别效度。

表 5.3 测量模型评估结果

测量题项	标准化因子载荷				t 值（>1.96）
	FD	PA	SV	TMGT	
ED1	**0.7471**	0.1168	0.3636	0.0222	19.852
ED2	**0.8539**	0.2601	0.3647	0.0758	34.986
ED3	**0.8144**	0.2698	0.4788	0.0547	29.661
ED4	**0.8349**	0.2883	0.4757	0.0930	29.525
PA1	0.1913	**0.8712**	0.5267	0.2074	26.084
PA2	0.2660	**0.7092**	0.1381	0.2899	10.623
PA3	0.3268	**0.7621**	0.3241	0.2482	12.055
SV2	0.4237	0.4227	**0.9080**	0.2480	40.025
SV3	0.4022	0.5165	**0.8366**	0.2310	20.476
TMGT2	0.0142	0.2542	0.1849	**0.8407**	23.871
TMGT3	0.0845	0.2189	0.2441	**0.8347**	8.399
TMGT4	0.0557	0.2245	0.0949	**0.6373**	10.178
TMGT5	0.0862	0.1691	0.0551	**0.6840**	11.042

注：加粗部分为各题项在所测变量上的载荷值，所列 t 值为该载荷值对应的显著性水平。

第5章 重大工程组织公民行为的内部驱动：利他动机

表5.4 量表的信度与效度（相关系数矩阵）

变量	AVE	CR	R^2	ED	PA	SV	TMGT
ED	0.6537	0.8865	0.8078	**0.8085**			
PA	0.6357	0.8258	0.5000	0.2998	**0.7973**		
SV	0.8303	0.8761	0	0.5187	0.4762	**0.9112**	
GT	0.5916	0.8691	0	0.0812	0.2944	0.2413	**0.7691**

注：加粗部分为AVE值的平方根，由作者手动计算得到。

5.5.2 MOCB利他动机的角色差异

关于业主方、施工方和设计方实施MOCB的动机，图5.5的均值分析结果显示，每一方均为3种动机并存，施工方的动机水平略高于设计方，设计方的动机水平略高或等于业主方，但整体水平并不存在显著差异（$p<0.1$）。三方动机排序显示，政治诉求均为最低。从不同角色来看，作为重大工程的主要责任承担者，3种动机中，业主方最关注社会价值动机，其次是企业发展和政治诉求；作为乙方，施工方和设计方均较为关注企业发展诉求，其次为社会价值和政治诉求。从不同动机类型来看，关于政治诉求动机，施工方高于业主方，设计方最低；关于社会价值动机，施工方高于设计方，业主方最低；关于企业发展动机，施工方高于设计方，业主方最低。

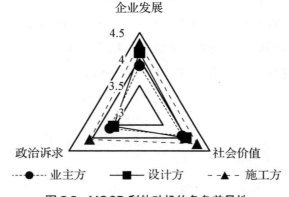

图5.5 MOCB利他动机的角色差异性

5.5.3 MOCB 与利他动机的关系验证

基于 MOCB 问卷调查数据及上述测量模型的验证，本书采用层次回归分析对研究模型的假设进行检验，结果见图 5.6。在具体分析过程中，首先单独考察了参建方角色（业主方、施工方、设计方）、参建方企业属性（是否为国有企业）及组织模式（管理模式、指挥部、项目公司等）3 个控制变量对 MOCB 的影响，随后在回归模型中逐步加入自变量（互惠动机、社会价值动机）、调节变量（参建方的政府关联、项目的政府关联）。为了更好地检验动机与 MOCB 之间的关系以及政府关联的调节作用，分别进行了两次独立的回归分析，在第一次回归过程中调节变量显著的前提下，为进一步检验两个调节变量的共同作用，将调节效应显著的变量的三维交互项在最后一步放入模型，进行第二次回归分析，通过这一调节效应的层次回归过程，分析结果可以更好地显示动机与 MOCB 之间关系的动态变化。

层次回归计算结果如表 5.5 所示（两次回归中，M1～M4 的结果不存在显著差异，不再重复报告）。表 5.5 表明随着变量的不断加入，模型的 R^2 逐渐上升，表明模型的解释程度逐步得到提高。在分析过程中，各变量的方差膨胀因子（Variance Inflation Factor，VIF）处于 1.59～3.10，均低于或略大于判别值 3.0。这表明，回归分析并不会受到多重共线性问题的显著影响（Cohen et al.，2003）。

第 5 章　重大工程组织公民行为的内部驱动：利他动机　123

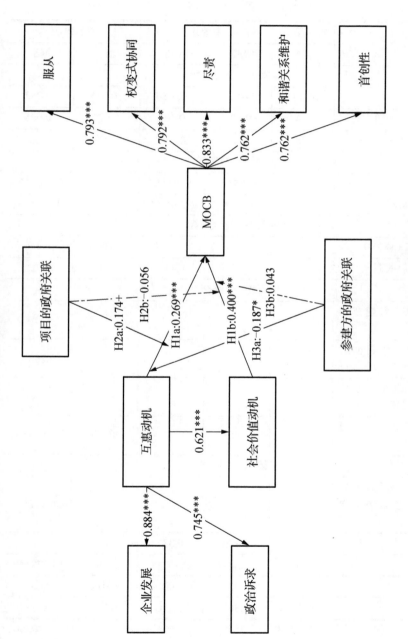

图 5.6　MOCB 利他动机模型的检验结果

注：*表示 $p<0.05$；***表示 $p<0.001$；+表示 $p<0.1$。

表 5.5 层次回归结果 [a]

变量	控制变量	主效应		调节效应	
	M1	M2	M3	M4	M5
步骤 1：控制变量					
参建方角色	0.117+	−0.088	−0.080	−0.075	−0.082
参建方企业性质	−0.142*	−0.103+	−0.101+	−0.092+	−0.095
组织模式	−0.003	0.03	0.036	0.043	0.031
步骤 2：自变量					
互惠动机		0.295***	0.381***	0.396***	0.406***
社会价值动机		0.39***	0.278***	0.272***	0.204***
步骤 3：调节变量					
参建方的政府关联			−0.027	−0.030	−0.040
项目的政府关联			0.111	0.118	0.102
步骤 4：两维交互					
互惠动机—参建方的政府关联				−0.185*	−0.194*
互惠动机—项目的政府关联				0.172+	0.168+
社会价值动机—参建方的政府关联				0.043	0.035
社会价值动机—项目的政府关联				−0.056	−0.054
步骤 5：三维交互					
互惠动机—项目的政府关联—参建方的政府关联					0.122*
R^2	0.044	0.379	0.387	0.401	0.409
F 值	3.916**	31.038***	22.757***	15.086***	14.273***
ΔR^2		0.335	0.008	0.014	0.009
调整 R^2	0.033	0.367	0.370	0.374	0.381

注：a. $N=260$，回归系数为标准回归系数；*表示 $p<0.05$；**表示 $p<0.01$；***表示 $p<0.001$；+表示 $p<0.1$。

表 5.5 显示，在不考虑其他变量的情况下（M1），控制变量中参建方企业性质对 MOCB 有显著的影响（α=-0.142，$p<0.05$），参建方角色仅有略微的差异（α=0.117，$p<0.1$），这与第 4 章分析的结果一致；组织模式（α=-0.003，N.S）对 MOCB 的影响不显著。在回归模型中加入互惠动机和社会价值动机之后（M2），从各路径的标准回归系数来看，互惠动机（α=0.295，$p<0.001$）和社会价值动机（α=0.39，$p<0.001$）均与 MOCB 存在显著的正相关关系，这也验证了假设 H1a 和 H1b。且模型中各变量对 MOCB 影响的 R^2 为 0.409，CR 为 0.903，表明构建模型可以对 MOCB 进行较好的解释。

5.5.4 政府关联对参建方利他动机——MOCB 关系的影响验证

表 5.5 的回归结果显示，参建方的政府关联对互惠动机与 MOCB 之间的关系存在显著的调节效应（α=-0.185，$p<0.05$），但值得注意的是，该调节效应为负值，得出了与本书的假设 H3a 相反的结论，也即参建方的政府关联强度越高，其实施 MOCB 的互惠动机越弱；同时，参建方的政府关联对社会价值动机与 MOCB 之间关系的调节作用并不显著（α=0.501，p=0.617）；项目的政府关联对互惠动机与 MOCB 之间的关系仅有接近临界的调节作用[①]（α=0.172，$p<0.1$，p=0.062），同时对社会价值动机与 MOCB 之间关系的调节作用同样不显著（α=-0.608，p=0.544）。因此，本书关于调节效应的假设仅有 H2a 得到了验证，H3a、H2b、H3b 均未得到验证。

根据调节效应可知，社会价值动机并未受到政府关联的影响，而互惠动机则整体上受到了负面影响（H2a 系数为负值，且绝对值大于 H3a），因此互惠动机应当逐渐减弱，社会价值动机则保持稳定，

---

① 一般认为，p=0.05 为最低显著性判别值，但在实际研究中，部分学者认为，为了更充分地解释研究模型，对于关键路径系数显著性判别可以使用 p=0.1 的判别值（Martins，Eddleston Veiga，2002）。

且系数较大。鉴于两个调节变量均对互惠动机与 MOCB 的关系起到了显著的调节效应，为进一步分析两个调节变量的交互影响，本章进行了三维交互分析。表 5.5 显示，三维交互效应系数为 0.122，且满足显著性要求（$p=0.05$）。这表明两个调节变量同时发生作用时，互惠动机会得到强化，因此，对比 M5 和 M2 可以发现，随着政治关联的加入，社会价值动机与 MOCB 的路径系数在逐渐减小（α 从 0.39 下降为 0.204），互惠动机的路径系数在逐渐增大（α 从 0.295 上升为 0.406），最终，互惠动机（$\alpha=0.406$）超过了社会价值动机（$\alpha=0.204$）。这一点与上述直接调节效应结论是矛盾的。根据 Li 等（2014）关于两种动机之间存在相互转换的观点可知，这可能是因为在政府关联产生调节作用的过程中，促使部分社会价值动机转换成了互惠动机，使得表面上由社会价值动机驱动的 MOCB 实际上由互惠动机驱动。这表明，社会价值动机可能在互惠动机与 MOCB 的关系中起到了中介作用，即互惠动机可以通过社会价值动机的实现来驱动参建方实施 MOCB。

5.5.5 中介作用分析

本章进一步对上述关于社会价值动机可能在互惠动机与 MOCB 之间的关系中具有中介效应的初步结果进行验证，该过程通过 SmartPLS2.0M3 工具实现。第一步，单独计算互惠动机（自变量）与 MOCB（因变量）之间的关系，路径系数为 $\alpha=0.517$，具有统计显著性（$p<0.001$），这也再次验证了 H1a；第二步，计算互惠动机（自变量）与社会价值动机（中介变量）之间的关系，路径系数为 $\alpha=0.622$，具有统计显著性（$p<0.001$）；第三步，单独计算社会价值动机（中介变量）与 MOCB（因变量）的路径系数为 $\alpha=0.567$，具有高度统计显著性（$p<0.001$），这也再次验证了 H1b，且该系数大于互惠动机的路径系数（$\alpha=0.517$）；第四步，加入社会价值动机（中介变量）后，

互惠动机（自变量）与 MOCB（因变量）之间的关系路径系数为 $\alpha=0.295$，仍然具有统计显著性（$p<0.001$），但路径系数明显下降（从 $\alpha=0.517$ 下降为 $\alpha=0.295$），因此，社会价值动机（中介变量）在互惠动机（自变量）与 MOCB（因变量）的关系中的确存在部分中介作用，验证了上述推断（α 为 SPSS 计算结果，本章同时基于 SmartPLS2.0M3 对上述中介效应进行了检验，也得到了同样的结论，尽管计算系数稍有差异，但两者的误差较小，且显著性均为最高，具体过程与结果详见附录 G）。

中介效应检验显著的结果表明，本章回归分析表 5.5 中两种动机与 MOCB 之间不断发生变化的路径系数仅为不考虑中介效应的直接效应。两种动机分别与 MOCB 之间的总效应应为模型中单独计算一种动机与 MOCB 之间关系时的结果之和。其中，互惠动机的路径系数为 $\alpha=0.517$，且具有高度显著性（$p<0.001$），社会价值动机的路径系数为 $\alpha=0.567$，同样具有高度显著性（$p<0.001$）。这一结果直接再次验证了 H1a 和 H1b。从整体效应来看，社会价值动机的系数仍然大于互惠动机。本章同时检验了两种政府关联分别对两种动机驱动 MOCB 总效应的调节效应，结果显示均不显著。这表明，H2a 与 H3a 仅代表调节变量对两种动机驱动 MOCB 直接效应的调节作用。

5.6 结果讨论

本章识别并验证了互惠和社会价值两种利他动机对 MOCB 的驱动作用，刻画了两种动机之间的动态转换关系，并通过重大工程及其参建方的政府关联调节作用揭示了上述转换关系的触发机制，这有助于理解和认识重大工程参建方实施 MOCB 的内在逻辑及其复杂性特征。

5.6.1　MOCB 的利他动机及其驱动作用

本章识别并验证了重大工程参建方实施 MOCB 的内部驱动，即利他动机，包括企业发展、政治诉求和社会价值 3 种类别，其中前两者属于互惠动机，同时具有自利成分和利他成分，后者则属于完全利他动机。从不同角色来看，业主方、施工方和设计方三方的动机尽管存在差异，但并不显著，且均处于较高水平。上述结论有别于以往的行业偏见，证明了重大工程的业主方、施工方与设计方等参建方并非只有短期功利性动机，仅仅追求眼前的经济利益（Hu et al.，2015；Cao et al.，2016）。他们均有较高的长期价值导向，会为了项目的整体绩效对短期利益做出让步；这种长期价值主要是为了满足企业的长远发展需要，或实现一定的政治诉求，如获取更优质的政治资源和政治升迁，或者追求良好的社会形象和影响力，甚至承担一定的社会责任。其中互惠动机中的政治诉求更体现了重大工程由政府主导、国有企业参与的特色。从动机的长期性来看，MOCB 实际上是一种参建方应对不确定性的策略，因为它的价值诉求是面向未来的（Galaskiewicz et al.，1989）。在这些内部利他动机的驱动下，参建方会自觉服从来自政府、项目管理等多方面的项目要求，努力执行较高的质量、技术、安全等标准，积极与其他参建方建立和维持和谐的关系，在其他相关参建方遇到难题时，主动提供有针对性的协助，并在上下工序或界面上保持协同与配合，甚至自愿投入更多的优质资源支持项目建设。

从不同动机的解释程度来看，社会价值动机的路径系数大于互惠动机。这可能是因为我国以公有制为主和传统文化强调国家、集体利益高于个人利益的观念（Leung，2012；Li et al.，2014）；同时，访谈专家还指出，重大工程参建方的能力有一定专用性，某一类项目，比如高铁，一定范围内有能力参建的企业数量有限，而当前的新型城镇化趋势使得重大工程项目短期内大量涌现，因此，他们并不缺少项目机会，相对于互惠价值，他们"一定程度上首先是为了代替政府完成任务，承担社会责任"。

但本书关于中介效应和调节效应的分析结果证实了MOCB这两种动机的动态性，间接验证了重大工程中参建方行为及其动机的复杂性（Maylor et al.，2008；Blatt，2008；Li et al.，2014）。其中，社会价值动机在互惠动机驱动MOCB的过程中起到了部分中介作用，这表明重大工程MOCB的互惠动机与社会价值动机并非是割裂和相互排斥的，而是存在切换，即互惠动机对MOCB的部分驱动作用可能是通过社会价值动机实现的，部分被社会价值动机驱动的MOCB实际上可能是出于追求企业发展机会和满足政治诉求等具有自利成分的互惠动机。这一方面是由于这两种动机本身具有动态变化和相互转换的特性（Li et al.，2014），同时也由于本书研究所处的中国文化情境中，社会价值与自我价值的实现具有较高的相关性，自我价值是实现社会价值的基础，而社会价值是自我价值实现的最高境界（Li et al.，2014）。访谈中专家也指出："即使在市场经济的规则下，也离不开对公有的、集体的利益考虑。"

5.6.2 政府关联对MOCB利他动机的影响

检验H3a的调节效应显示，随着参建方的政府关联的增加，MOCB直接的互惠动机被弱化，这与原假设有较大出入。首先，经过研究情境的进一步对比发现，由于数据的可获得性，当前关于政府关联的研究成果，一般是基于政府关联较低的企业或个人（如上市民营企业及其高层管理者）主动寻求的政府关联（Li et al.，2014），与本书研究的国有企业固有的政府关联有所不同；其次，本次调研的样本中82.3%为国有企业，参建方的政府关联整体呈现较高水平

（均值大于3.3），这意味着参建方的政治诉求已经得到较高水平的满足，同时也意味着企业发展已经获得较大的成功，实施MOCB并不会显著地促进企业发展和政治诉求的满足，所以他们并不会因此更加积极；最后，政府关联对MOCB的负面效应。访谈专家指出，当前中国新型城镇化建设使得重大工程数量急剧增加，政府关联较强的国有企业需要承接的重大工程数量短期内大量增加，但企业在一定阶段的建设能力是有限的，过多的项目会给参建方带来建设压力，使建设失误的风险大大增加，反而会损害企业发展，企业的政治诉求也会因此受到牵连，这一点在文献中未得到关注。假设H2a得到了验证，但显著性不高。这表明，当项目的政府关联增强时，还是会有部分参建方会更多地为了促进本企业的发展和满足政治需要实施MOCB。这可能是因为这些参建方的政府关联虽高但仍低于项目的政府关联，此时，与项目关联的政府及其相关部门或相关企业掌握着更多企业发展需要的资源（Chi et al., 2011），为了持续得到足够的资源支持，参建方愿意对短期利益做出让步，实施较多的MOCB。但上述政府关联的负面效应，以及部分已经取得商业成功的企业政治诉求的降低（Li et al., 2015），可能是导致假设H2a显著性不高的原因。两种政府关联对社会价值动机驱动MOCB的调节效应均不显著，这表明项目或参建方与各级政府相关部门存在关联时，参建方实施MOCB的社会价值动机并不受影响。这可能是由于本次研究的样本项目88%以上属于政府发起的重大项目，均具有较高水平的政府关联，导致调节效应不显著，这也可能是导致H2a调节效应显著性不高的另一个原因。上述参建方的政府关联与项目的政府关联调节效应的显著差异反映了重大工程复杂的政府关系及其双方政府力量之间的博弈对参建方实施MOCB的内在逻辑产生的复杂影响。

5.6.3 MOCB 利他动机的复杂性分析

综合以上结果发现，两种政府关联表面上弱化了互惠动机且并不影响社会价值动机（调节效应），但实际上却导致了互惠动机的直接驱动作用逐渐加强（表 5.5 中 H1a 的路径系数从 M2 到 M5 逐渐增加，三维交互效应显著），社会价值动机对 MOCB 的驱动作用实际上在减小（表 5.5 中 H1b 的路径系数从 M2 到 M5 逐渐降低）。这表明社会价值动机的弱化并不是由政府关联直接导致的，根据中介效应可知，这是因为社会价值动机部分地充当了互惠动机——MOCB 的中介而间接导致的，即社会价值动机的强度尽管没发生变化，但也没有完全直接去驱动 MOCB，而是首先部分地代替了互惠动机来驱动 MOCB，最终使得实际上社会价值动机被弱化，真正的互惠动机被强化。这说明，参建方实施 MOCB 的动机逐渐由社会价值动机部分地转换为了互惠动机，最终导致 MOCB 动机出现利他成分逐渐下降、自利成分逐渐上升的私有化趋势。

上述综合效应分析表明，两种政府关联同时存在时可以触发并且同社会价值动机的双重角色一起掩盖社会价值动机向具有自利成分的互惠动机转换，导致 MOCB 动机出现利他成分降低、利己成分上升的私有化趋势。因此，在政府投资的重大工程中，参建方的政府关联越强，实施 MOCB 的社会价值动机转换为互惠动机的可能性就越高，而且这种转换具有隐蔽性。一方面是因为传统观念普遍认为政府关联较高的企业（如国有企业）具有较高的社会价值动机（Cun，2012；Jia et al.，2013），政府一般也认为国有企业应该与他们在经济发展等公共利益方面有共同的追求（Li et al.，2011），认为国有企业不应该强调互惠动机，理所应当承担尽可能多的社会责任，这也导致参建方一般不会表明自己有强烈的利己动机，尤其是政治诉求，而只能通过社会价值的名义来间接满足这些互惠动机。如访谈中某业主提道"我们是区域开发企业,要对整个区域的经济发展做贡献,不能只考虑企业利益";"关于政治诉求,不能说有,说没有也不对"。

因此,一般情况下,参建方实施 MOCB 的社会价值动机高于互惠动机,但政府关联会触发社会价值的中介作用,使行为和动机涌现出复杂性,社会价值动机通过中介机制向互惠动机进行隐蔽切换的私有化趋势最终导致社会价值动机低于互惠动机。这也表明,很多国有企业需要或愿意承担社会责任的形象可以掩盖他们追求企业发展和政治诉求的利己成分。

5.7 研究结论与管理启示

本章结合重大工程实践,探索性地研究了在重大工程高度不确定性的情况下参建方实施 MOCB 背后的内部驱动即利他动机,主要结论如下:重大工程 MOCB 的利他动机包括追求社会价值的完全利他动机和包含企业发展、政治诉求的互惠动机,证明了重大工程领域参建方利他动机的存在性和普遍性,验证了 Müller 等(2014)提出的关于项目管理中非理性经济人的观点;重大工程参建方社会价值动机存在向互惠动机转换的动态特性,即部分被社会价值动机驱动的 MOCB 实际上可能最终目的是追求企业发展机会和满足政治诉求。当政府关联普遍较高时,这种转换的可能性更高。即在政府投资的重大工程中,政府关联较高的参建方往往会在社会价值动机的掩盖下追求企业发展和政治诉求等包含自利成分的互惠动机。上述结论揭示了 MOCB 这一非理性现象的动机复杂性,从内部逻辑出发为认识重大工程组织行为复杂性提供了新的实证依据。

清晰识别参建方的内在动机是提高参建方积极性的重要前提(Anvuur et al.,2012)。有别于传统上建筑行业对消极行为及其功利性动机的关注,本章从组织行为学的利他行为动机视角出发,揭示了重大工程参建方实施 MOCB 的内部驱动及其动态转换特性，为重大工程项目管理提供了全新的决策思路。

① 本章识别和证实了无论业主方、施工方还是设计方除了被经济或利己的利益驱动之外，普遍还会被关联参建方和项目整体利益及社会责任所驱动。在这种利他动机驱动下，参建方会自觉实现更好的项目交付，实施更多的 MOCB。因此，建筑行业应当摒除普遍存在的短期功利性和分裂的对抗性关系偏见（Bakker et al.，2010；Anvuur et al.，2007），纠正项目管理中过多地基于利己的视角和方法采取的惩罚性和强迫性政策。比如，从完成任务出发，用短期经济利益杠杆去奖励合作行为，惩罚不合作行为，而一旦取消相关经济激励，合作行为也随之消失（Li et al.，2014）。应当在保证基本经济利益的前提下，综合采取积极的、长期价值导向的手段激发 MOCB 的长期价值诉求，引导参建方通过短期利他实现长期利己，使参建方的关系从对抗转变为共赢，形成正面积极的行业氛围，有效降低项目建设过程中的短期行为，提高项目管理效能涌现。

② 本章研究表明，重大工程的政府关联是导致参建方行为及其动机复杂化的重要情境因素，尤其是在政府投资，国有企业参与的情况下，复杂的政府关系极易导致社会价值动机向互惠动机隐蔽转换的私有化趋势。而政界与商界合作建设重大工程则要比仅靠纯粹的市场经济体制或行政体制，更能有效地实现各自的目标（Altshuler et al.，2003），且民营参建方表现出的相关 MOCB 并不比国有企业低（Liu et al.，2011）。因此，在重大工程中，需要建立开放、规范、透明的市场环境，允许更多民营企业与国有企业通过公平竞争获得重大工程的参建机会，降低项目实施对国有企业的依赖，使得参建方的利他动机得以清晰识别、合理保护和激励，避免社会价值动机向互惠动机隐蔽地转换，有效减少行为复杂性的涌现，提高重大工程项目管理效能。

第 6 章
重大工程组织公民行为的外部驱动：制度同构效应

6.1 研究概述

团队利他理论在指出团队利他行为内部驱动的同时也认为，外部社会环境中规范、文化认知及同行的行为等因素对 OCB 具有重要的驱动作用（Li et al.，2014）。制度理论将这种来自外部环境的驱动作用定义为制度同构效应（DiMaggio et al.，1983）。制度的三大基础要素包括规制、规范和文化认知，与之对应的三种制度同构作用分别为制度强制同构、制度规范同构和制度模仿同构（Scott，2012）。制度理论认为，制度环境对组织行为的同构影响尤其突出（DiMaggio et al.，1983；Marshall et al.，2011；Leung，2012），对重大工程参建方的行为有重要影响（Chi et al.，2011；Morris，2013），为研究参建方的组织行为提供了全新视角（Mahalingam et al.，2007；Bresnen，2016）。当前关于建筑业相关行为的研究也表明，外部制度环境因素对参建方实施某种行为的过程会产生重要影响（Müller et al., 2014；Cao et al., 2015；Mota et al., 2015；Bresnen, 2016），而且相对于项目组织内部的管理或技术因素，这种影响更为显著（Engwall, 2003；Huang et al., 2012；Leung, 2012）。其他领域的研究成果进一步表明，外部制度环境对OCB的影响还可能会因所在地区文化（Wang et al., 2013）、行业类型（Sun et al., 2007）、组织类型（Xing et al., 2009）、行为主体特征（Aronson et al., 2013）的不同而存在差异。重大工程是一类独特的、具有高度复杂性和不确定性，同时又对社会经济发展有重要影响的建设项目，参建方来自多个不同的企业，构成了一个开放的社会化网络，他们的MOCB备受行业和社会媒体关注，同其他行为一样会受到国家政治、经济、社会、参建方母公司等外部因素的广泛影响（Boateng et al., 2015），导致行为的产生具有高度社会嵌入性和不可预测性。MOCB的跨组织属性及其产生过程，以及重大工程较为独特的项目属性和组织网络情境，可能会导致社会外部环境因素与MOCB之间的关系呈现一定的复杂性和独特性。尤其是当前中国建筑业的快速发展给参建方带来了巨大的机会和挑战，加剧了参建方实施OCB的不确定性（Liu et al., 2011）。然而，当前尚鲜有学者对上述行为的复杂性和独特性展开研究，并进一步解释参建方OCB如何在外部因素驱动下在重大工程项目中实现持续的涌现与扩散。

因此，本章从团队利他理论关于团队利他行为外部驱动的观点出发，借鉴制度理论关于制度同构效应的观点，主要分析制度规范同构和制度模仿同构两种外部环境中的制度性因素对参建方实施MOCB产生的驱动作用。鉴于这类项目业主的重要角色及参建方之间的关系较为复杂，本章同时选取了业主对MOCB的支持和参建方之间关系型信任等突出的情境因素来综合考察外部社会环境对MOCB产生的驱动作用。

6.2 理论模型的构建

有别于资源依赖理论和权变理论强调大型基础设施工程建设项目研究对政府和规制系统的关注（Miller et al.，2001；Davies et al.，2005），制度理论强调同样重要的规范与文化认知系统，采用更加广泛的制度视角，不仅包括需要做出管理决策的组织，还包括更广泛的主体——政府、监督机构、消费者、社区成员及利益相关者团队（Scott et al.，2011）。因此，制度理论认为组织是一个开放的系统，组织行为往往由外部环境中的规制、规范、文化-认知等制度性要素的同构和扩散作用所致（Scott，1995）。组织采取某种行为主要为了在外部环境中获得认可，即合法性（Scott，2012），制度化的结果是某种组织行为的不断传播和扩散（Zucker，1977）。组织行为的扩散和传播主要通过三种非正式的制度同构过程实现：制度强制同构、制度规范同构和制度模仿同构（DiMaggio et al.，1983），这是从外部环境因素解释组织行为的关键要素（Galaskiewicz et al.，1989），为制度要素如何建构组织行为提供了有力解释（Scott，1995），尤其在解释高度复杂情况下外部环境如何驱动组织行为的扩散时尤其适用（Scott，2012；Powell et al.，2013；Morris，2013；Bresnen，2016）。大型基础设施等重大工程组织网络中各个层次的行为主体均会受到普遍的制度环境影响（Scott，1995；Bresnen，2016）。由于参建方实施 MOCB 时所追求的价值只是未来某种潜在的可能，是间接的和不确定的（Organ，1997），而对此影响较大的外部环境则具有较大的不确定性和复杂性，这导致参建方不能仅仅根据自身任务和需求采取行动。相反，为了提高这种未来价值实现的可能性，参建方采取行动时在较大程度上需要参考该领域中类似团队的行为和考虑其他参建方的需求与意愿，并会受到来自发起方政府、母公司关联政府、地方政府相关部门、建筑行业协会、工会组织、社会公众和媒

第6章 重大工程组织公民行为的外部驱动：制度同构效应

体等内外部利益相关者的影响（Anvuur et al., 2007；Anvuur et al., 2012；Mok et al., 2015）。

鉴于上述行为特征和行业实践特征，制度理论可以为外部社会环境因素驱动 MOCB 的传播与扩散提供良好的理论解释。制度理论认为，强制、规范和模仿三种制度要素可以独立发挥作用（Scott, 2012），但相对于强制、规范和模仿更体现了同构中行为主体的主动性和适应性，主要强调集体行为的协同和对工作投入的努力等方面（DiMaggio et al., 1983；Powell et al., 2013；Bresnen, 2016）。更有研究表明，外部强制性要素对组织行为的同构效应并不显著或仅能产生象征性的效果（Son et al., 2007）。而团队利他理论认为，团队层次等高阶 OCB 具有自组织特征，行为主体构成较为复杂，不能被强制执行（Li et al., 2014）。因此，本章仅考察除强制性要素之外的规范同构和模仿同构两种制度要素对 MOCB 的驱动作用。

参建方之间的信任是影响跨组织行为的重要因素（Cheung et al., 2011；Tyssen et al, 2013；Müller et al, 2014），因此也对驱动 MOCB 的传播具有重要影响。信任包括计算型信任、关系型信任和制度型信任。计算型信任是工作中基于合约建立的正式信任关系；关系型信任是基于合约外的人际关系建立的非正式信任；制度型信任建立在系统的绩效和信念基础上（Rousseau et al., 1998；Cheung et al., 2011）。由于高度的不确定性和复杂性，重大工程普遍存在关系网络现象（Lu et al., 2015），尤其是在我国市场不够规范的情况下，参建方较少基于合约采取行动，而重大工程的绩效也往往备受争议（Flyvbjerg, 2011），导致基于合约的计算型信任和基于制度的制度型信任被弱化，参建方之间的信任很大程度上是建立在彼此非正式关系网络的基础上（Cheung et al., 2011），如与政府之间的关联，与其他参建方之间以往的合作关系以及非正式关系等（Müller et al.,

2014），这种关系在参与重大工程建设过程中不断得到强化，形成较为突出的关系型信任。且一般情况下，关系对信任的解释度高达 43%（Tsui et al., 1997）。这种关系型信任对参建方的跨组织行为扩散和制度因素的同构作用产生重要影响（Galaskiewicz et al., 1989）。因此，本章将参建方之间的关系型信任纳入研究来考察这一情境因素对制度要素驱动 MOCB 传播的调节作用。

团队利他理论同时认为，利他行为的良性传播机制需要有一个起主导作用的行为主体来发起（Li et al., 2014））。访谈专家普遍指出，在重大工程中，业主的态度和行为对其他参建方的行为决策有重要影响。理论上，作为序主体，业主对其他参建方的行为有重要的激活和引导作用（Wang et al., 2006；Winch et al., 2016）。因此，本章将业主对 MOCB 的支持纳入研究，提取了业主支持这一变量，较为全面地考察制度要素驱动 MOCB 扩散的机制。综上所述，构建了 MOCB 的外部驱动研究模型，见图 6.1。

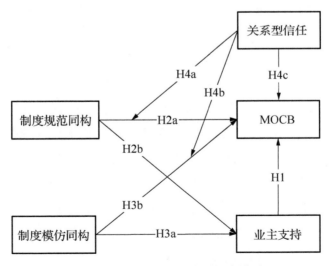

图 6.1　MOCB 的外部驱动研究模型

6.3 制度环境对 MOCB 的驱动作用

6.3.1 业主支持对驱动 MOCB 扩散的作用

由于在国家和政府推动经济发展中的重要作用，重大工程往往由政府或公共权威部门投资或发起（Boateng et al., 2015），业主与发起方政府之间存在较高的关联。尤其在当前较长一段时间内，在重大工程中，发起方政府往往通过设立项目筹备办公室（Project Preparatory Office，PPO）等类似协调机构来进行重大项目立项并负责建设过程中的重大决策（Liu et al., 2004; Sun et al., 2011），同时成立或指定特定法人公司来承担业主的角色，其中大多数业主领导是从政府或国有的建设设计、承包或咨询公司中严格筛选和任命的，他们一方面有在业主组织中亲自参与重大工程管理的经验，同时又与发起方政府之间存在复杂的关联关系（Hu et al., 2015）。图 5.1 中的港珠澳大桥管理局的高层管理者均来自政府发起的港珠澳大桥专责小组成员。因此，业主在选择和管理其他参建方完成建设任务的过程中不但代替政府发挥管理和监督作用，同时还对整个项目的绩效承担主要责任（Wang et al., 2006; Winch et al., 2016）。很多与项目有关的任务要求、管理要求和项目愿景等往往都由业主负责传达和监督执行（Ye et al., 2014）。其他相关建设行为研究表明，业主对参建方某种行为的态度往往会在很大程度上影响这种行为的普及和传播（Anvuur et al., 2012; Cao et al., 2015），因此，得到业主明确的支持是参建方进行行为决策时的重要依据（Anvuur et al., 2007）。

为了提高参建方的积极性，业主对 MOCB 的支持可以体现在以下 3 个方面。

① 必要的投入为 MOCB 的未来价值诉求提供可靠保证。由于参建方实施 MOCB 会产生额外的成本，且在考虑重大工程高度不确

定性和较长的建设周期等因素时，MOCB 追求的未来潜在价值将面临更高的兑现风险（Eweje et al.，2012）。而当前建筑行业的施工和设计企业往往需要通过低价中标来获得重大工程的参建机会，这也导致行业平均利润率较低，尤其是部分规模较小的参建企业，对未来价值兑现风险的承受能力更低。如果业主通过必要的投入（如可靠的未来合作承诺、举办立功竞赛等）为这种价值的实现提供可靠的保证，参建方实施 MOCB 的意愿将会大大提高。

② 搭建平台为参建方之间的沟通提供必要的支持。MOCB 具有跨组织属性，但建筑行业的传统意识和当前主流的项目交付模式过多关注任务分解及参建方各自的任务执行，对不同工序、任务界面等环节上参建方之间的协同与沟通不够重视（Anvuur et al.，2015），导致参建方无法及时了解和关注其他方的任务执行情况和关注焦点，并及时对他方发出的请求做出可识别的响应（Katzenbach et al.，1993；Pettigrew，1997）。而 MOCB 的实施也并非简单的利他，而是会对项目实施带来实质性影响，行为的跨界属性可能还会涉及责任归属问题，可能出现"多做多错"的悖论，甚至会导致验证的冲突。在这个过程中，如果业主能够搭建一个有效的沟通平台，所有参建方可以在这个平台上进行有效的信息沟通和观摩学习，将大大提高 MOCB 的透明性和有效性，并降低责任风险，这种必要的支持是使得整个项目参与方共同完成项目目标的关键（Anvuur et al.，2015）。

③ 为参建方实施的 OCB 进行公平合理的合法性认定，肯定 MOCB 的价值和意义。参建方实施 MOCB 的内在动机在于给自身企业带来更多的发展机会、满足政府资源和政治升迁等方面的政治诉求，以及承担一定的社会责任，这些价值往往需要通过外部环境对 MOCB 的观察和认可（合法性）来实现（Hu et al.，2015）。当前，很多重大工程的业主由于与发起方政府之间的特殊关系往往在政府中兼任职务（Ye et al.，2014），他们为参建方获得规制部门的合法性

地位提供了渠道，如很多中国的重大工程项目业主利用政府（发起方和各地方政府）和工会等相关权威部门的支持通过举办立功竞赛、评选先进等对做出突出贡献的参建方进行较高层次和规格的表扬和通报，并通过相关媒体对积极现象进行宣传。这种定期举办参建方组会（Partnering Workshop）或表彰大会［冠军会议（Champions' Meetings）］的方式可以对 MOCB 的价值表示肯定，同时也降低了 MOCB 的匿名性，为参建方获得规制部门的合法性认定创造了条件，可以大大提高参建方实施 MOCB 的积极性（Anvuur et al., 2007）。综上所述，本书提出如下假设。

H1：业主的支持可以正向激励 MOCB。

6.3.2 制度同构要素对 MOCB 及业主支持的影响

（1）制度规范同构的作用

制度规范同构是指社会生活中约定俗成的方面给组织行为带来的影响（Scott, 1995），主要源自专业化（DiMaggio et al., 1983），强调内在控制的重要性，是一种约束期望的力量，使得人们在既定情况下做出合适的行为（March et al., 1989）。一方面，随着市场规模和发展水平的日渐提高，行业专业化程度不断得到重视，逐渐出现了正规且发展成熟的教育体系、培训机构和专业资格鉴定机构，他们开始不断地定义、发展相关专业领域的概念，引导并形成行业共识，建立行业规范，由此对该领域内的组织行为形成了稳定的共同期待（DiMaggio et al., 1983；Bresnen, 2016）；另一方面，行业协会、行业会议、工会、行业分工产生的咨询机构、媒体等提供了多样化的信息沟通渠道，演化为不断拓展并向精细化发展的跨组织专业化网络，使上述共识在组织间的交流与扩散中得到不断强化，进而影响组织的行为决策（DiMaggio et al., 1983）。

一般项目管理的制度规范同构主要来自建筑行业协会，

International Project Management Association(IPMA)、Association for Project Management（APM）、Project Management Institute（PMI）等专业培训和资格鉴定机构，学术研究机构等专业教育体系(Teo et al., 2003; Bresnen, 2016)。但这些传统项目管理知识体系较少涉及 MOCB 的相关行为和现象，且不同领域的制度环境差别较大。因此，本章重点分析我国重大工程参建方实施 MOCB 时所面临的制度环境。重大工程参建方实施 MOCB 的制度规范同构效应主要源自以下两个方面。

一方面，发起方政府和各地政府一般会成立专门的管理单位来对下辖的重大项目进行集中管理（Liu et al., 2010; Scott, 2012），往往会设立多种荣誉鼓励参建方实施 MOCB，以确保项目绩效。他们制定"优秀""良好""及格"等认定 MOCB 价值的定义和评价标准，定期对项目中的 MOCB 现象进行评选，并通过举办年度表彰大会对优胜者进行表扬通告和公开授予荣誉，将相关结果与信誉评价挂钩（唐涛 等，2013）。通过明确倡导参建方的 MOCB 并展示对所在项目产生的实质性影响和参建方得到的好处，这种示范效应可以起到带动其他参建方建设积极性的作用。如上海市浦东新区重大项目办公室每年举办市政府、人大、政协均会出席的重大项目立功竞赛年度表彰大会，对参建方的 MOCB 通过通报、授予荣誉称号、市委书记亲自接见等方式进行表扬，并通过《浦东时报》等党报进行公开宣传，多种类似形式的活动对其他参建方实施 MOCB 的积极性均会产生一定的正面影响。

另一方面，由于突出的重要性，重大工程也会受到工会、媒体、高校、咨询机构等社会公共机构的规范性影响（Scott et al., 2011; Flyvbjerg et al., 2014）。各地重大项目管理机构、全国总工会、各地方工会等往往提倡重大工程通过举办立功竞赛来确保项目目标的达成，并及时进行经验总结，探索其中的规律，通过为重大工程实施立功竞赛提供专业培训和资格认定等方式传播参建方实施MOCB的积极意义，并逐渐形成惯例。高校和咨询单位会对立功竞赛中出现的MOCB进行整理总结，以书籍、报告等多种形式进行记录和扩散，如本书进行事例收集的纪实报告。媒体往往会对积极的参建方行为进行大规模的宣传和报道，肯定MOCB的积极价值和社会意义。如《中华全国总工会 2011—2015 年劳动竞赛规划》（总工发【2011】2 号）规定，各省市要在已施工和新开工的重大工程建设项目中普遍开展"比工程质量、比建设工期、比技术创新、比科学管理、比文明施工、创和谐团队为主要内容的劳动竞赛，促进国家扩大内需的工程建设项目顺利完成"。因此，2011 年 5 月，在中华全国总工会和广东省总工会的协助指导下，港珠澳大桥启动劳动竞赛，制定了实施方案、表彰方案、评分标准，并被中华全国总工会列为全国重大工程立功竞赛示范基地；2014 年 4 月，《工人日报》举办"走进全国示范性劳动竞赛"栏目，集中展示港珠澳大桥等重大工程中参建方的积极行为及其对大桥建设带来的安全、进度等方面的实质性作用。某些规范如果不执行的话会受到惩罚，如社会舆论的谴责等，导致制度规范同构可能存在一定的强制性（Scott，2012），但由于规范相对松散，本身也会受到参建方行为的影响发生动态变化甚至消失，所以对 MOCB 的影响更多地依赖于内部认同等非正式途径（Feldman，1984）；另外，不执行某些规范也未必会受到正式机制的惩罚（Elster，2000），也可以合适的理由拒绝，因此并未改变 MOCB的自组织特性（Li et al.，2014）。

　　由于重大工程参建方往往具备多个类似项目的经历，对上述行为规范和惯例具有较高的认知度和接受度，甚至已经潜移默化为理所当然的做法。通过发起方和各地方政府管理单位的指导、社会公共机构的舆论引导，业主作为项目的主要责任单位首先对这种行为现象有较为深入的认识，甚至很多业主在上述机构中担任职务或具备相关经验，意识到 MOCB 对项目建设的重要价值和意义，会采取相应的措施来激发和支持 MOCB。如港珠澳大桥及时启动了劳动竞赛，成立了业主、设计、施工、监理、海事等各参建单位组成的工联会，作为联系各建设主体和参建单位的工作网络，根据大桥项目工程进度和重点，适时组织召开各种工作交流会，对工会工作进行统一部署和协调研讨，项目每年在工程建设的重要节点进行一次阶段性总结和表彰，通过树典型、立标杆，在各个工区掀起"比、学、赶、帮、超"的建设高潮。而其他参建方也通过上述规范同构效应的影响，在业主的支持下，可能会调整行为决策，进而影响 MOCB 的整体水平。因此，本书提出如下假设。

H2a：制度规范同构对 MOCB 有显著的正向影响。

H2b：制度规范同构会使得业主加大对 MOCB 的支持。

（2）制度模仿同构的作用

制度模仿同构主要源自对外部不确定性的标准化反应（DiMaggio et al.，1983）。当组织的任务较为复杂，组织目标不够清晰，且外部环境会导致较高不确定性时，组织往往会选择去模仿所在领域中的同类组织甚至竞争对手被认定为更加合法或成功的做法，来降低各类不确定性可能导致的风险和损失（DiMaggio et al.，1983）。这个过程主要可以通过人员的流动与调换等，或向其他组织如咨询公司或行业工会学习等手段来实现（DiMaggio et al.，1983）。有别于一般建设项目，首先，重大工程建设任务往往面临技术和管理上的挑战，MOCB 具有跨组织属性，涉及复杂的界面关系，且需要在较长的时间内投入较多的资源才能对项目建设产生实质性影响，外部环境中社会经济的快速发展还会带来原材料和人力成本的波动；其次，重大工程发起方往往缺乏清晰稳定的项目目标和需求，任务范围和要求易于产生变更（Flyvbjerg et al.，2014），导致 MOCB 的作用被弱化甚至产生负面影响；再次，重大工程项目自身普遍存在绩效悖论，其本质上是高风险的（Flyvbjerg et al.，2014），MOCB 期待的未来潜在价值本身又依赖于项目的成功交付，是间接的、不确定的、难以量化的，因此面临较高的兑现风险（Heere et al.，2012）；最后，建设行业存在短期功利性偏见，对 MOCB 的长期利他动机缺乏信任（Leufkens et al.，2011），导致 MOCB 难以被及时识别和得到所期待的合法性认定，甚至还可能会招致质疑和冲突，出现"多做多错"的现象，影响参建方实施 MOCB 的意愿。上述特征在较大程度上增加了 MOCB 的风险和效果的不确定性，导致参建方在产生实施 MOCB 的意愿时，不会盲目实施所有他愿意做的 MOCB，往往会以其他同类参建方或同类项目中的做法和效果为决策参考，来决定实施 MOCB 的策略。

前述产生制度规范同构作用的政府管理单位和社会公共机构不仅会产生规范同构效应，还可以通过组织优秀项目观摩活动以及媒体、高校、咨询公司记录和传播的类似项目中受到表扬和肯定的同类企业行为等正式或非正式的形式被参建方观察和分析，进而确立模仿对象，产生模仿图物效应。同时，基于与优秀参建方的合作经历、同类参建方管理人员的相互交流、本项目定期举办的合作方工作会议或冠军会议（Champion Meeting）的 MOCB 示范等，参建方也可发现有利于实现 MOCB 价值的项目实践。通过模仿示范行为，表现突出的参建方不仅可以得到来自重大工程和社会公共机构的积极认可和赞誉，体现社会价值，还可以为企业带来未来的项目机会，获得更多的政府资源支持等，对于由政府基于以往的重大工程项目经验选拔和任命的参建方高层管理者，还可以得到更好的政治升迁（Hu et al.，2015）。其中，作为项目的重要责任承担者（Ye et al.，2014），业主有更大的动力去模仿其他项目的成功做法，从而加强对其他参建方 MOCB 的支持，以提升项目绩效和 MOCB 带来的潜在价值。因此，业主和其他参建方均可能会受到上述制度模仿同构效应的影响，或加强对 MOCB 的倡导和支持，或予以更大范围和程度的参与。综上，制度模仿同构是参建方实施 MOCB 时对外部不确定性产生的标准化反应。因此，本书提出如下假设。

H3a：制度模仿同构对 MOCB 存在显著的正向影响。

H3b：制度模仿同构会使业主加大对 MOCB 的支持。

6.3.3　关系型信任对制度同构效应驱动 MOCB 扩散的影响

关系是通过正式或非正式的交换建立起来的人际关系及基于一致的相互约束和互惠基础而发展起来的相互信任的网络（Lin et al.，2010），这种网络使得人们相互认识并信任对方（Granovetter，1985），由此形成关系型信任。这种信任更关注人为因素（Cheung et al.，2011）。基于上述跨组织关系网络，决策者更有可能去模仿他们认识并信任的人（Burt，1982），并共同遵守他们相信可以保障行为合法性的机构设定的行为规范（Galaskiewicz et al.，1989；Teo et al.，2003），这种规范的共享可以反过来强化规范及其对组织行为的潜在影响，并在跨组织动态网络中不断放大（Powell et al.，1991；Teo et al.，2003）。即便可能会导致短期的成本低效，管理者仍然愿意承担这种短期成本，以此来维持双方长期的互信关系（Macaulay，1963）。在重大工程中，基于与相关政府机构、社会公共机构及关联参建方之间以往的关系（接触经历和行业经验），参建方相信对方的专业能力和诚信水平，对对方的 MOCB 意愿和能力有相对清晰的判断，认为他们在共同实施 MOCB 或设定 MOCB 评判规则时会自觉公平地考虑和保障自己潜在的价值诉求，如尽可能多的合作机会和积极的评价等。因此，参建方在面对制度同构效应时，上述关系型信任可能会影响他们的行为决策。如与其他参建方之间的关系型信任将在很大程度上决定以哪一参建方的行为表现作为参考（Galaskiewicz et al.，1989），与这些机构之间的关系型信任将在较大程度上决定究竟以哪一方设定的行为规范和标准来约束自身的 MOCB 及其实施的程度，即接受来自哪一方的合法性鉴定。由于这种信任关系的存在，他们更愿意承担 MOCB 带来的短期成本损失，实施较多的 MOCB。因此，本书提出如下假设。

H4a：参建方之间关系型信任正向调节制度规范同构对 MOCB 的驱动。

H4b：参建方之间关系型信任正向调节制度模仿同构对 MOCB 的驱动。

H4c：参建方之间关系型信任对 MOCB 存在显著的正向影响。

6.4 研究变量测量

6.4.1 变量测量

本章也主要采用问卷的方式收集数据，理论模型涉及的 5 个变量测量均参考已有文献中的相关测量工具，并结合我国重大工程参建方 OCB 的实际情况调查和 26 位专家半结构化访谈对相关表述进行调整，最终形成相应的调研题项，详见第 3 章行业调研描述。其中，MOCB 的测量仍沿用本书第 4 章验证的五维度测量工具。传统项目管理知识体系对重大工程 MOCB 的关注较少，为了准确描述 MOCB 的制度环境和业主支持等变量，第 3 章中 26 位专家半结构化访谈也包含了对 MOCB 受到制度同构影响的实际情况的访谈，见附录 A。请 26 位专家根据两种制度要素的定义，对重大工程 MOCB 可能产生同构影响的制度因素及业主的支持措施进行描述。根据访谈结果，整理得到制度要素描述 8 项，依据 Teo 等（2003）的工具和 DiMaggio 等（1983）对制度要素的分类，将 8 项制度要素对应为制度规范同构和制度模仿同构，对相似或相近的条目进行合并，未考虑来自文献中普遍存在的关于（建筑）行业协会、传统第三方专业培训机构（如 IPMA）等较少涉及 MOCB 的制度同构的影响，最终得到 6 个条目，构成 MOCB 制度环境的初步题项；业主支持 3 项，即前述业主对 MOCB 3 个方面的支持，综合参考 Zhu 等（2010）与 Anvuur 等（2007）关于"高层支持"、Cao 等（2015）关于建设项目业主对 BIM 的支持变量的题项进行题项设计。关系型信任的测量选用了 Rousseau 等（1998）和 Müller 等（2013）的量表作为基础。由于该量表（Rousseau et al.，1998）可用作个体层次研究，本书借鉴 Bommer 等（2007）关于群体层次 OCB 的研究，采用对象转移法转换为对跨组织信任关系的描述，并结合重大工程的实际情况对题项做了修订，用以衡量重大工程参建方之间的关系型信任。

基于以上文献分析、访谈、量表修订形成本章的初步问卷。为了提高问卷的内容效度，根据第 3 章的研究设计，本书参考 Le 等（2014）的做法，在第 4 章的 14 位结构化专家访谈中也加入了对本章问卷内容的修订。根据访谈结果，仅有制度规范同构问卷中的"国内同类重大工程一般都是超常规的建设模式，已形成惯例"的平均分低于 2.5，因此删除该题项（Liu et al.，2004）；访谈中专家一致肯定了业主的支持在激励 MOCB 和外部制度环境产生同构效应过程中的关键作用，并认同信任中重点考察关系型信任的观点，认为上述理论设计和过程较好地体现了重大工程研究的关键点。经过上述多个步骤，得到本章的测量工具，见表 6.1（对应附录 C 中的第三部分）。

表 6.1 MOCB 外部驱动研究模型的测量工具

变量	编码	题项	因子载荷
制度规范同构	NI1	社会媒体积极宣传同类重大工程参建方先进事迹的积极价值	0.889
	NI2	工会、重大项目办公室等行业管理机构大力提倡和组织实施立功（劳动）竞赛、评先进等 OCB 培育活动	0.905
	NI3	国内同类重大工程一般都是超常规的建设模式，已形成惯例	0.262

续表

变量	编码	题项	因子载荷
制度模仿同构	MI1	其他重大工程通过立功（劳动）竞赛、评先进等OCB培育活动取得了满意的建设成绩	0.911
制度模仿同构	MI2	其他重大工程通过提高参建方OCB取得了良好的社会影响	0.950
制度模仿同构	MI3	其他参建方的OCB在该重大工程建设中得到了应有的好评和奖赏	0.927
关系型信任	TG1	基于双方的关系，我方相信对方（与我方有直接利害关系的参建方，下同）是讲公平的	0.837
关系型信任	TG2	基于双方的关系，我方相信对方会在项目建设过程中坚守道德	0.833
关系型信任	TG3	基于双方的关系，我方相信对方会在项目建设过程中保障我方的利益	0.891
关系型信任	TG4	基于双方的关系，我方认为对方会在项目建设过程中履行诺言	0.921
关系型信任	TG5	基于双方的关系，我方相信对方的诚信水平	0.927
关系型信任	TG6	基于双方的关系，我方相信对方具有专业精神	0.861
关系型信任	TG7	基于双方的关系，我方相信对方具有奉献精神	0.888
业主支持	OS1	该项目实施了一系列方案提高参建方的OCB，如组织立功（劳动）竞赛、评先进等	0.828
业主支持	OS2	该项目将提高参建方的OCB作为一项重要工作	0.910
业主支持	OS3	该项目为项目参建方实施OCB提供了必要的支持	0.895
业主支持	OS4	该项目非常肯定参建方OCB在项目中的价值	0.889

注：因为14位结构化专家给NI3的评分低于2.5，因此删除NI3。

6.4.2 样本选取与数据收集

本章的样本选取和数据收集与第3章的行业调研同步进行。调研过程和对象均保持一致，因此不再重复。鉴于本章将业主对MOCB的支持作为影响其他参建方MOCB的变量，为避免可能存在的回复偏差,分析过程中并未考虑来自业主的 89 份问卷,最终样本量为 171 份。描述性统计结果显示,具体样本特征并未发生显著变化,详见第 3 章 3.4.4 节。

6.5 分析与结果

6.5.1 测量工具的信度与效度分析

由于样本量减少,本章继续采用适用于小样本的 PLS-SEM 工具 SmartPLS2.0M3 进行数据分析。MOCB 外部驱动研究模型相关变量的因子载荷如表 6.2、表 6.3 所示,并结合表 6.1,主要有 3 个结果:①所有因子载荷均高于 0.5,且 t 值大于判别值 2.58(即 $p<0.001$),表明测量项的可靠性是可接受的(Hair et al.,2011;Ning et al.,2013);②CR 值大于 0.7,表明每个构念的构成效度均在控制水平之上(Hair et al.,2011);③标准化因子载荷均处于大于 0.5 的控制水平(Hulland,1999),且 t 值均在 $p<0.001$ 的水平上呈现显著性,不存在交叉因子载荷,表明构念具有良好的收敛效度(Hair et al.,2011)。MOCB 外部驱动研究模型量表的信度和效度如表 6.3 所示。从表 6.3 中可以看出,所有 AVE 值均大于 0.5,且每个构念的 AVE 平方根均高于它与其他构念相关系数的绝对值,表明构念具有良好的区分效度。

表 6.2 MOCB 外部驱动研究模型相关变量的因子载荷

变量	测量题项	标准化因子载荷				t 值
		MI	NI	OS	TG	
制度模仿同构	MI1	**0.6914**	0.4523	0.4218	0.3472	17.309
	MI2	**0.7035**	0.4162	0.4557	0.3840	19.467
	MI3	**0.6678**	0.3875	0.4201	0.3575	17.894
制度规范同构	NI1	0.3588	**0.6583**	0.3439	0.3016	17.039
	NI2	0.4351	**0.6495**	0.3950	0.3292	19.791

续表

变量	测量题项	标准化因子载荷				t 值
		MI	NI	OS	TG	
业主支持	OS1	0.3226	0.3299	**0.6006**	0.3615	18.662
	OS2	0.4038	0.3806	**0.7034**	0.4571	27.515
	OS3	0.3847	0.3174	**0.5520**	0.3417	21.634
	OS4	0.4259	0.3564	**0.5890**	0.3957	21.329
关系型信任	TG1	0.3121	0.2844	0.3844	**0.5451**	19.618
	TG2	0.2921	0.2932	0.4081	**0.5959**	17.573
	TG3	0.3533	0.3315	0.4707	**0.7075**	23.374
	TG4	0.3182	0.2932	0.4265	**0.6768**	24.658
	TG5	0.3300	0.2987	0.3700	**0.6297**	21.311
	TG6	0.3501	0.3074	0.3533	**0.5790**	17.178
	TG7	0.4166	0.3663	0.4680	**0.7616**	23.325

注：加粗部分指各题项在所测变量上的载荷值，所列 t 值为该载荷值对应的显著性水平。

表 6.3 MOCB 外部驱动研究模型量表的信度与效度

测量题项	AVE	CR	Cronbach's α	MI	NI	OS	TG
MI	0.864	0.9501	0.9211	**0.9295**			
NI	0.805	0.8919	0.7580	0.6088	**0.8972**		
OS	0.7758	0.9326	0.9036	0.6130	0.5622	**0.8808**	
TG	0.7753	0.9602	0.9514	0.5039	0.4582	0.6166	**0.8805**

注：加粗部分为 AVE 值的平方根，由作者手动计算得到。

6.5.2 结构模型评价结果

为了更加直观地表述数据结果，本章将 MOCB 外部驱动研究模型检验结果以图 6.2 的直观形式表示，详细的路径系数计算结果详见表 6.4。

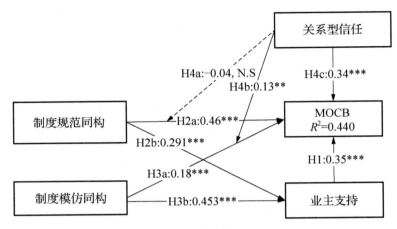

图 6.2　MOCB 外部驱动研究模型检验结果

注：N.S 表示不显著；**表示 $p<0.01$；***表示 $p<0.001$。

表 6.4　制度同构效应驱动 MOCB 的路径检验结果

路径	路径系数	t 值	p 值	假设
NI—MOCB	0.46	7.361	<0.001	H2a 通过
MI—MOCB	0.18	2.965	<0.001	H3a 通过
NI—OS	0.291	4.313	<0.001	H2b 通过
MI—OS	0.453	7.817	<0.001	H3b 通过
TG—MOCB	0.34	4.566	<0.001	H4c 通过
TG—NI—MOCB	−0.04	1.635	>0.05	H4a 未通过
TG—MI—MOCB	0.13	2.226	<0.01	H4b 通过

根据图 6.2 可知，模型中各变量对 MOCB 影响的 R^2 值为 0.440，表明所构建的模型可以对 MOCB 变量进行较好的解释。业主支持与其他参建方 MOCB 之间的路径系数为 0.35 且在最高水平上显著（$p<0.001$），因此，假设 H1 得到了验证；制度规范同构与 MOCB 之间的路径系数为 0.46 且在最高水平上显著（$p<0.001$），同时，制度规范同构与业主支持之间的路径系数为 0.291 且在最高水平上显著（$p<0.001$），因此，假设 H2a 和 H2b 得到了验证；制度模仿同构与 MOCB 之间的路径系数为 0.18 且在最高水平上显著（$p<0.001$），同

时，制度模仿同构与业主支持之间的路径系数为 0.453 且在最高水平上显著（$p<0.001$），因此，假设 H3a 和 H3b 得到了验证；关系型信任与 MOCB 之间的路径系数为 0.34 且在最高水平上显著（$p<0.001$），因此，假设 H4c 得到了验证。

为了进一步揭示制度同构要素驱动 MOCB 的过程机制，本章同时构建了如图 6.3 所示的 MOCB 外部驱动研究替代模型，在制度同构要素与 MOCB 的路径中加入业主支持措施这一变量，以考察两类制度同构要素对 MOCB 的间接作用。SmartPLS2.0M3 的计算结果显示，在路径中添加了业主支持这一变量后，制度规范同构对 MOCB 的影响有所下降但仍然显著（$\alpha=0.354$，$p<0.001$），这也间接验证了 H2a；制度模仿同构对 MOCB 的影响出现更加明显的下降且未通过显著性检验（0.027，$p>0.1$，$p=0.329$）。这进一步表明，制度同构要素可能会通过促使业主方加强对 MOCB 的支持来影响参建方（施工方和设计方）的 MOCB 水平，即业主方对 MOCB 的支持措施可能在制度同构要素（制度规范同构和制度模仿同构）驱动 MOCB 的路径中起到了中介作用。

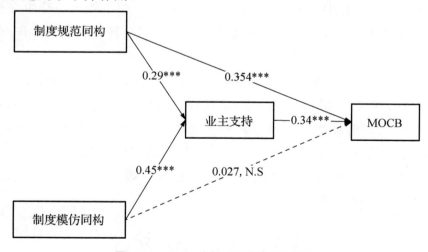

图 6.3 MOCB 外部驱动研究替代模型

注：N.S 表示不显著；*** 表示 $p<0.001$。

6.5.3 业主支持与关系型信任的影响分析

（1）业主支持的中介效应分析

为了进一步验证上述业主支持的中介作用，本章根据 Baron 和 Kenny（1986）的建议采用因果步骤法进行检验，具体分为 4 个步骤：第一步，计算制度规范同构、制度模仿同构（自变量）与 MOCB（因变量）的关系，根据图 6.2 可知，两类关系均在高水平上显著；第二步，计算自变量（制度规范同构、制度模仿同构）与中介变量（业主支持）之间的关系，根据图 6.2 可知，两类关系均在高水平上显著；第三步，计算中介变量（业主支持）与因变量（MOCB）之间的关系，根据 H1 可知，两者的关系也在较高水平上显著；第四步，加入中介变量（业主支持）之后，根据图 6.3 可知，制度规范同构对 MOCB 的路径系数仍然显著（$p<0.001$），但系数值有所下降（从 0.46 降为 0.354），制度模仿同构对 MOCB 的路径系数明显下降（从 0.18 下降为 0.027），且从高度显著（$p<0.001$）变为不显著（$p>0.1$）。因此，业主支持在制度规范同构驱动 MOCB 的路径中起到了部分中介作用，而在制度模仿同构驱动 MOCB 的路径中则起到了完全中介作用。

（2）关系型信任的调节效应分析

根据 Martins 等（2002）的建议，本章采用创建交互项的方法来检验调节效应。图 6.2 显示，交互项关系型信任-制度规范同构对 MOCB 的影响系数并未通过显著性检验（$\alpha=-0.04$，N.S），而交互项关系型信任-制度模仿同构对 MOCB 的影响系数在较高水平上通过了显著性检验（$\alpha=0.13$，$p<0.01$），因此，假设 H4c 通过了验证，而假设 H4b 并未通过验证。

6.6 结果讨论

本章验证了外部制度要素的同构效应对 MOCB 的驱动作用，以及业主支持和关系型信任等项目情境因素对制度同构效应产生的影响，表明外部制度环境在 MOCB 扩散和传播过程中发挥了关键的驱动作用及这一作用产生的路径，验证了 Engwall（2003）、Mota 等（2015）、Bresnen（2016）等关于制度环境建构参建方组织行为的理论观点，由此揭示了 MOCB 传播与扩散的外部驱动机制。结合不同的假设验证结果，不同制度同构要素对 MOCB 产生的驱动作用及其路径也存在显著差异。

6.6.1 MOCB 的制度同构效应

（1）制度规范同构的驱动作用

制度规范同构对 MOCB 有显著的影响，且业主的支持在上述驱动过程中具有显著的中介作用，但项目中参建方之间基于关系网络产生的信任并不会给上述驱动作用带来显著的变化。通过对比发现，相对于制度模仿同构，制度规范同构对 MOCB 具有更加显著的驱动作用，而对促进业主对 MOCB 的支持方面则相对较弱。上述结果综合表明，相对于参建方之间潜在的模仿，发起方政府和各地方政府管理单位设立的多种荣誉奖励机制、重大工程管理机构、工会等行业管理组织在重大工程中实施的立功竞赛等方面的引导，媒体、高校、咨询机构等社会公共机构对 MOCB 价值的肯定和积极传播，是从外部环境推动 MOCB 在参建方之间扩散更为重要的因素，具有较高的可操作性和更为显著的效果。业主也会因为来自外部制度规范的影响而为参建方提供更加可靠的未来价值保证，并搭建平台促进参建方之间的有效沟通，为参建方实施的 MOCB 及时进行合法性认定，通过多种背书形式肯定 MOCB 对项目建设的价值和意义。这些支持措施对于 MOCB 的激发和扩散也有显著的效果，进而实现制度规范同构对 MOCB 的有效驱动。参建方之间的关系型信任对 MOCB 的扩散也有积极的促进作用，但上述制度规范同构过程并不会因为这种信任关系而受到显著的影响。这表明制度规范同构驱动不同参建方实施 MOCB 的过程是较为独立的，这可能是因为不同参建方由于任务分工不同，所关联的发起方政府部门有所变化，不同标段同类参建方关联的地方政府也有所不同，如进入实施阶段，除了发起方政府，施工方对接的政府部门多为各个地方的相关部门，设计方则一直有较多的机会与发起方政府接触。社会公共机构对行为的关注视角也会体现参建方的角色差异，如对施工方，往往更多地关注于对任务的精益求精、相互协同，更快、更好的项目交付，供货商的及时性，施工与设备安装等界面和上下工序间的和谐关系等（Heere et al., 2012; Bakker et al., 2013）。而对于设计方，则更多地关注于其对项目要求的服从、交付对象的首创性及为其他方提供尽职的咨询服务等（Liu et al., 2010; Braun et al., 2012; Flyvbjerg et al., 2014）。相对于制度模仿同构，制度规范同构对设计和施工方 MOCB 的驱动更为直接，业主的支持也非常关键，但并不能产生决定性影响。这一点有别于其他项目管理中业主对于外部制度规范同构效应的完全中介作用（Cao et al., 2015），这可能主要是因为重大工程的业主多为一次性业主，业主主要关注来自发起方政府的规范要求，对社会公共机构的影响力不够敏感，而施工方和设计方则同时需要与母公司保持良好的沟通（Aronson et al., 2009），MOCB 还可能受到来自母公司的制度规范同构的影响。这些因素综合导致仅有部分制度规范同构效应可以透过业主支持进行传导，这也是制度规范同构对业主的支持影响相对较弱的原因。

（2）制度模仿同构的驱动作用

PLS-SEM 分析结果显示，制度模仿同构对 MOCB 有显著的积极影响，而业主对 MOCB 的支持在上述关系中起到了完全中介作用，参建方之间的关系型信任对上述关系有显著的正向调节作用。与制度规范同构效应相比，制度环境中的模仿性要素同样可以显著地促

第6章 重大工程组织公民行为的外部驱动：制度同构效应

进 MOCB 的传播和扩散，但对施工方和设计方产生的影响较弱，对业主则有更为强烈的影响。与仅有部分制度规范同构作用通过业主的支持实现相比，制度模仿同构的促进作用完全取决于业主对 MOCB 的支持，而参建方基于关系网络建立的信任尽管对制度规范同构效应与 MOCB 的关系无显著的影响，却会大大强化制度模仿同构对 MOCB 的驱动作用。综合以上结论可知，通过优秀项目观摩和社会公共机构的传播，参建方观察到其他参建方由于实施 MOCB 给项目建设带来的实质性效果得到了应有的奖励和赞誉（如获得金杯奖、鲁班奖等），并清楚地知道这些赞誉有助于他们未来获得更多的资源支持，体现更好的社会价值，大大增强市场竞争力，这种已发生的结果为参建方实现 MOCB 的未来价值诉求建立了信心，降低了实施 MOCB 的不确定性，因此，参建方愿意模仿这类行为。

相对于制度规范同构，制度模仿同构对 MOCB 的驱动作用较小，且更依赖于业主的支持。如果没有业主积极地促进不同项目与同一项目中施工方或设计方之间的沟通和交流，MOCB 的价值和意义不能及时得到来自业主的合法性确认，未来价值的兑现缺乏来自业主的可靠保证，考虑到实施 MOCB 面临较高的不确定性，参建方几乎不会去模仿其他参建方的 MOCB，即缺乏业主支持的情况下外部制度环境的制度模仿同构效应无法促进 MOCB 的传播和扩散。这可能是因为重大工程类别繁多，独特性和地域性突出，项目缺乏相互关注的动力，社会公共机构对 MOCB 的报道和传播可能限于项目类型或地域性只能进行有限的传播，相关现象也缺乏实质性的参考价值。如同为重大工程，高铁类项目与水利类项目几乎没有联络，中国西部和东部沿海的同类项目也缺少相互观摩的机会和便利性，地区的差异导致相互参考的意义和影响范围较为有限，仅有少数对国家战略有重要影响的特大型综合项目才会产生全局性的影响，如港珠澳大桥（涵盖桥、隧、人工岛、水利、高速公路等多种工程类型，是国家"十二五"规划重大项目,连接香港、广东和澳门三地)和南水北调(涉及穿黄隧道、水利等,仅中线一期工程即贯穿全国多个省市地区)。重大工程的这些特性降低了外部制度环境中其他 MOCB 的参考价值。因此,制度模仿同构对 MOCB 的驱动作用较小。

模仿某种行为主要是为了降低不确定性(DiMaggio et al., 1983)。若参建方观察到外部环境中某些 MOCB 取得了良好的效果,意欲模仿,而对重大工程产生的实质性影响是体现 MOCB 价值的重要前提(Organ,1988),需要投入较多的成本,而这种实质性影响评断主要取决于业主,业主是 MOCB 最直接的观察者,没有业主对 MOCB 效果的认定,MOCB 对项目的价值则得不到体现,参建方的未来价值诉求就无法得到可靠保证,还需要承担实施 MOCB 带来的短期成本损失。因此,缺乏业主的支持,参建方即使模仿观察到的 MOCB,也不能降低 MOCB 的不确定性,这种情况下制度模仿同构则无法驱动 MOCB 的扩散(DiMaggio et al.,1983);同时,对于同一区域同类项目中的 MOCB,没有业主的组织和支持,参建方也缺乏接触的机会和渠道,如没有业主的允许和引导,施工方和设计方无法参与优秀项目观摩活动,媒体、高校和咨询机构也缺少充分与他们接触而进行相关行为的传播,制度模仿同构无法对 MOCB 的扩散产生影响。在同一项目上,尽管任务具有高度依存性,但任务的专业化分工使得实施过程相对独立,导致不同标段甚至同一标段的参建方缺乏实质性的接触和沟通,彼此较少有机会观察到对方任务实施的实际情况和需求,如仅在界面和上下工序衔接处存在较为粗浅的场地交接,如果没有业主定期举办沟通会议或冠军会议(Champion Meeting)等方面的支持,他们实际上很难观察到彼此的行为和效果,缺乏模仿的参考信息。而业主则因为与发起方政府的特殊关联和承担项目的主要责任往往有更多机会和更强的意愿对其他重大工程中的 MOCB 进行考察、学习和模仿,进而为 MOCB 提供更多的支持。相对于行业的功利性偏见，业主的支持同样也代表业主对 MOCB 利他动机的信任和肯定，以及对本项目绩效的信心，这也可能降低 MOCB 的不确定性，加速 MOCB 的相互模仿和扩散。

6.6.2 关系型信任对制度同构效应驱动 MOCB 的影响

参建方之间的关系型信任（含业主方、施工方和设计方之间的信任，不仅仅是施工方和设计方之间的信任）对制度模仿同构驱动 MOCB 扩散有显著的调节作用，同时对 MOCB 也有直接的促进作用。这表明，制度模仿同构对不同参建方而言驱动 MOCB 的过程是相互关联的，这种关联不仅会扩大制度模仿同构效应，而且会在一定程度上受限于参建方之间基于关系网络建立的信任水平。参建方往往会在自己的关系网络中选择自己信任的参建方作为模仿对象（Burt，1982；Teo et al.，2003），就 MOCB 的实际效果和得到的价值保证，征求并听取对方的意见，进而做出行为决策。MOCB 的价值和意义以信任为纽带在这种关系网络中得到有效传播，进而强化这一网络中参建方利他行为的相互模仿，形成良性循环（Cross et al.，2003）。这种信任关系广泛存在于业主方、施工方和设计方之间，尤其是施工方和设计方基于以往的合作经历或非正式关系对业主方建立起来的信任，很大程度上决定了业主方支持措施的有效性及其在制度环境驱动 MOCB 时产生的传导作用。这里需要特别关注重大工程业主方的信用与发起方政府之间的特殊关系，发起方政府往往决定了业主方可以提供哪些支持措施及其影响力，如授予荣誉的级别和权威性，立功竞赛的有效性等。若发起方政府面临信用危机，如政策的稳定性和效力较差，施工方和设计方将难以相信业主方支持措施的可靠性，也可能不会因为业主方的支持而实施更多的 MOCB 或模仿已发生的 MOCB。施工方（总包、分包、供货商等）之间、设计方（设计总包、设计咨询等）之间、施工方与设计方之间的关系型信任则决定了他们最终会模仿哪些 MOCB。在不考虑外部制度环境的情况下，基于关系网络建立的信任也会直接带来 MOCB 的提升，因为参建方较高的关系型信任水平往往会带来和谐关系维护、相互协同和对任务要求的自觉服从等，并为了维持这种信任关系网络，愿意承担短期的成本损失（Macaulay，1963），尤其是业主方对施工方和设计方的关系型信任在很大程度上会影响业主方对 MOCB 真实动机的判断，进而影响其对 MOCB 的识别和认定。

6.7　研究结论与管理启示

综上所述，在外部制度环境驱动 MOCB 扩散的过程中，制度规范同构的作用更为重要，且这种驱动主要来自发起方政府、行业管理组织等外部环境对行为规范的树立和强调，不会受到参建方之间的关系型信任的显著影响，而业主方是否支持也并不能对其产生决定性影响。与制度规范同构相比，制度模仿同构对 MOCB 的驱动作用较为温和，更依赖于参建方的自我观察和判断，有较高的自愿性；参建方更在意 MOCB 是否得到了业主方的支持和肯定，在获得业主方支持的情况下，参建方才有更多的机会和更高的意愿去观察和模仿业主倡导的 MOCB。

Bresnen（2016）认为，从制度等外部社会环境因素考察项目管理实践，往往可以为传统项目管理带来巨大的挑战和发展机会。本章从外部环境出发，考察了制度规范和制度模仿两要素的同构效应，揭示了外部环境驱动 MOCB 传播的积极作用，以及业主方、参建方之间的关系型信任等情境因素对上述作用的影响，通过外部环境（制度同构要素）—重大工程组织（业主支持、参建方之间的信任等）—MOCB 的路径刻画了 MOCB 这一积极行为的外部驱动，可为重大工程的项目管理实践提供以下 3 个方面的启示。

首先，本章验证了外部环境中的制度要素对驱动 MOCB 的传播与扩散有重要作用，相关制度要素可作为在特定重大工程乃至整个领域内更为广泛地提高参建方积极性的管理工具。在这一过程中，应重点借助发起方政府和社会公共机构建立和传播的相关行为规范，利用这一措施的可操作性和较为显著的效果，对参建方实施MOCB进行主动引导，并通过树立行为典范和效果展示增强参建方通过实施MOCB实现未来潜在价值的信心，借助参建方利他行为的相互模仿机制，形成良性循环，可以在较大范围内普遍提高参建方实施MOCB的积极性，提高项目管理效能。

其次，本章研究结果显示，业主支持在制度同构要素驱动MOCB的过程中可以发挥重要的传导媒介作用。因此，发起方政府或社会公共机构等组织制定或建议相关管理措施时应首先考虑业主的影响，尤其是发起方政府的特殊身份，作为首要利益相关者却并不直接参与项目建设，需要考虑将政府机构在建立MOCB规范方面的政治权威影响力与委托的业主紧密关联，如通过授权来提高决策效力（Müller et al.，2014），并引导业主加强与其他同类项目业主间的交流和与社会公共机构的接触，以提高业主支持这一关键环节的有效性，在当前MOCB普遍不被信任且未来价值面临较大风险的情况下，这一点是促进MOCB扩散的关键。

再次，基于本章对参建方关系型信任对MOCB和上述模仿同构效应产生积极影响的分析，管理决策应当重视参建方之间制度模仿同构效应的交互影响，这种交互影响可以借助施工方、设计方和业主方之间普遍存在的非正式关系网络建立起来的信任不断放大。因此，在引导MOCB这一积极行为形成良性循环的过程中，应当积极培育参建方之间形成平等的伙伴式关系，如合理地分摊风险、避免低价中标等，培育高质量的信任关系，然后以关键参建方的MOCB为突破点，对其进行及时、权威、合理、公平的合法性认定和效果展示，借助关系网络中其他参建方对关键参建方的信任和模仿，形成示范效应。

最后，本章对制度规范同构效应和业主支持中介效应的综合分析表明，当前MOCB在重大工程领域并未受到重视。规范的行业组织，如建筑行业协会、咨询公司或PMI等国际知名项目管理知识体系中均缺乏对组织行为相关内容的关注。根据以往制度理论的成果可知，这大大弱化了外部制度环境对MOCB扩散的驱动作用。因此，未来这些组织应逐渐健全包含组织行为尤其是MOCB这类积极行为的项目管理体系，为整个领域形成良好氛围提供制度性保障。

第 7 章
重大工程组织公民行为的效果：效能涌现

7.1 研究概述

由于 MOCB 并不属于传统的项目管理内容，导致很少有研究将 MOCB 作为项目管理有效性的重要因素进行考察。同时，这种行为本质上并不期待短期的经济回报，难以按照常规的测量方法使用经济指标进行量化评估，关于这种行为对项目管理效能的影响也缺乏清晰的描述，尤其是在重大工程领域，尚未发现有相关研究揭示 MOCB 对建设目标实现的重要意义和价值。传统观点也认为类似无法在合约中进行清晰约定的积极行为仅能给项目带来象征性的意义，并不能对实现项目管理目标带来实质性的影响，从而忽略相关行为现象对项目管理效能涌现的重要价值。而在重大工程这一重要社会领域中，项目本身存在的高度不确定性和复杂性，参建方自愿的积极利他行为对减少效能损失有更为突出的意义，可能为当前重大工程项目管理低效提供新的解释。有鉴于此，本章融合积极组织研究与组织效能理论的最新成果，结合重大工程的情境特征，基于行业实践对 MOCB 的效能涌现效应进行了分析和验证。

根据组织效能（或组织有效性，Organizational Effectiveness）理论，项目管理效能（有效性）是重大工程项目管理目标的实现程度（Patanakul et al., 2016）。作为一种积极行为，积极组织研究中已有大量文献指出，OCB 可以给组织效能带来显著的促进作用（Cameron, 2005；Podsakoff et al., 2014），至少可以解释 30%的效能（Borman et al., 1993）。而在某些特定情境中，如在信息系统的相关研究中，这一比例更是高达 47%（Yen et al., 2008）。同样地，重大工程进入实施阶段，所有的合同均已签订，项目管理目标、参建方的任务与职责已经明确，项目管理有效性在很大程度上取决于参建方的主观能动性及如何采取行动。组织行为学认为，行为的直接结果是绩效（Kahya, 2009），如任务效率的提升，而效能作为对绩效进行基于价值的评判（Quinn et al., 1981），是指组织行为的产出对组织有价值的程度（Motowildo et al., 1997）。多个其他领域的 OCB 研究表明，OCB 常常伴随实施方任务效率的改善来促进组织效能（MacKenzie et al., 2011；Jing et al., 2014）。Organ（1988，1997）指出，OCB 只有跟其他促进效能的因素同时发生才能真正影响组织效能，尤其是对促进任务情境的改善。其中，情境因素是评估 OCB 与效能关系时需要综合考虑的重要内容（Oh et al., 2015）。组织理论中关于团队 OCB 对效能影响的研究也指出，通过综合考察 OCB 对任务效率和任务情境的影响是研究 OCB 效能涌现的路径之一（Podsakoff et al., 2014）。根据积极组织研究的观点（Nilsson, 2015），在重大工程中，参建方自觉服从政府或项目管理的安排和要求，主动与其他参建方保持灵活的协同，建立和维护和谐的关系，这种主观意愿上的积极可以大大提高参建方之间客观的、积极的、跨越边界的交互与集成（项目集成，Integration of Project，IP）；同时，参建方自愿提高项目建设技能，主动改进项目实施，必要时投入更多的时间等资源，按照更高标准完成项目交付，积极与其他相关参建方保持有效沟通，可以更加高效地完成本团队的项目任务交付（参建方的任务效率，Team Efficiency，TEY）。考虑到 MOCB 的跨组织属性及其对协同和和谐关系的强调，任务效率常常是重大工程项目管理的首要内容（Dubois et al.，2002），本章选择较能体现这两方面的项目集成和参建方的任务效率来考察 MOCB 的直接后果，进而考察其对项目整体管理效能的影响机制，由此构建本章的理论模型，见图 7.1。

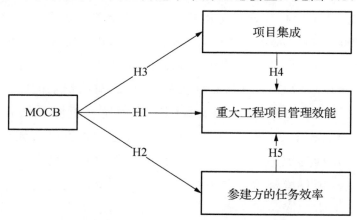

图 7.1　MOCB 项目管理效能涌现研究模型

7.2　研究假设

7.2.1　MOCB 对项目管理效能的影响

项目管理效能的定义源自组织效能。组织效能是指组织目标的实现程度，是组织理论研究的最终目标（Daft，2010）。有别于绩效对客观量化指标的强调，效能评估基于绩效但又有一定的主观性，强调绩效对目标实现有价值的程度（Borman et al.，1997），"要做正确的事"（Druker，1966）是组织产出多个方面的综合评估

(Matthews, 2011)。

传统项目绩效研究侧重于对铁三角的考察,限制了对利益相关者多元化价值诉求的关注(Yang et al., 2010),还应考虑利益相关者的主观满意度(Shaw et al., 2011)。项目管理效能涌现即项目管理目标的实现是参建方实施 MOCB 的内部动机得以满足的前提,考虑到定义的综合性和重大工程利益相关者的影响,本章使用项目管理效能的概念来综合评估 MOCB 对重大工程项目管理的整体影响。重大工程项目管理效能是指项目管理目标实现的程度(Patanakul et al., 2009),综合了项目建设目标的实现和利益相关者的满意程度(Zhai et al., 2009;Patanakul, 2015)。理论上,OCB 的定义本身就以促进组织效能为判定标准,包括可以促进任务完成所需情境因素的组织行为(Organ, 1997)。在实证研究中,OCB 对组织效能的促进作用也得到了多个领域的验证,仅是影响的程度在不同领域存在差异(Podsakoff et al., 2014)。重大工程项目管理的目标是实现良好的项目交付,包括形象进度良好,项目实施过程中变更较少,较少发生质量事故,项目投资得到了有效的控制,较少发生安全事故,并在一定程度上实现了技术创新,最终得到发起方政府和各个利益相关者的满意评价(Patanakul et al., 2009)。根据本书第 4 章的研究,MOCB 的 5 种行为综合代表了参建方的整体积极性,分别指向项目任务、其他参建方、关联政府部门及外部利益相关者。这些行为注重彼此间的和谐关系维护,对任务实施尽职尽责,积极采纳先进的技术和管理手段,自觉服从项目管理和政府提出的相关要求与目标,为了应对不确定性,参建方之间灵活地保持协同和合作,实现"1+1>2"的涌现效果,因此,整体上有助于项目管理目标的实现。由此提出如下假设。

H1:MOCB 对重大工程项目管理效能存在积极影响。

7.2.2 MOCB 对参建方的任务效率的影响

积极组织研究认为，OCB 的直接结果是行为主体任务效率的积极偏差，如生产效率的提高、管理效率的提高、降低内部消耗和摩擦等（Cameron et al.，2003；Walsh et al.，2003；Kahya，2009）。效率（Efficiency）指尽可能充分地利用可获得的资源去实现目标的能力，它是基于获得特定的产出所必需的物质与时间投入等数量概念（Daft，2010）。任何组织需要合理塑造与其他组织的关系，以减少组织运行过程中的不确定性，进而促进自身任务的完成（Pfeffer et al.，1978）。MOCB 作为一种跨组织行为，强调跨组织社会网络的关系维护，不仅会影响重大工程整体项目管理的效能，还会直接影响参建方的任务效率。同时，在重大工程中，相对于其他无形因素的价值，更重要的是项目任务的成本与进度等效率指标（Flyvbjerg，2011；Eweje et al.，2012）。综上所述，本章从参建方的任务效率出发考察MOCB 对参建方自身的影响。具体来看，参建方的服从行为可以使项目管理和任务安排得以切实的执行，项目要求得到合理甚至超出期望的满足。参建方对任务的尽责和首创行为等积极行为可以最大程度发挥自身优势进行方案选择的优化和提高任务执行的准确性，减少变更，使得原本在常规情况下无法完成的任务通过积极的MOCB 得以完成，甚至得到超出项目期望的结果，任务压力得以缓解（Bright et al.，2006），特别是积极采纳先进的技术或管理手段可以大大缩短任务时间（Bakker et al.，2013）；与其他参建方之间的和谐关系则可以创造有利于自身任务实施的条件（Wang et al.，2006；Anvuur et al.，2007），如在计划制定时充分考虑任务执行过程中需要得到的支持，项目例会上向关系良好的关联参建方明确自身需求时就可以得到对方积极的响应，权变式协同则会使这种相互支持更多地以非正式的形式灵活出现，减少了交流和沟通的环节与时间成本，完成任务并实现项目目标期望成为参建方最重要的事情，避免了大量不必要的推诿扯皮和摩擦（Aronson et al.，2009）；与相关政府部门及外部利益相关者高质量的关系维护则可以及时缓解整合外部资源的压力，缩短交付周期（Mahalingam et al.，2007；Mok et al.，2015），如来自绿色通道的政策支持，周边组织的协助，及时的居民拆迁等。由此提出如下假设。

H2：MOCB 可以正向促进参建方的任务效率。

7.2.3 MOCB 对项目集成的影响

根据积极组织研究的观点，相互支持等积极力量的直接结果就是可以在组织中形成积极的任务情境（Donaldson et al.，2010）。重大工程项目建设目标的实现对满足 MOCB 内在价值诉求的重要意义使得参建方之间的多样化目标被集成为统一的项目建设目标，在这一目标的指导下，一般项目管理中的冲突和纠纷都需要让位于建设目标的实现；参建方之间和谐关系的维护有利于彼此间建立信任（Wong et al.，2010），由于 MOCB 的价值需求指向未来，这种信任也不再局限于项目范围，也不是临时性的计算型信任，而是长期的关系型信任。权变式的协同可以保证参建方之间顺畅地沟通，需求可以第一时间得到关联参建方的响应，大大降低沟通成本，减少不必要的沟通路径和工序间的等待时间，使参建方的共同努力有效形成合力（Hu et al.，2015）；同时，相互利他的意识使得参建方关注自身行为给关联参建方带来的影响，工序之间的协调程度加强了，如设计方对可施工性的考虑，施工方利用自己的经验提出切实可行的设计修改方案等，可以减少不必要的后期变更和界面冲突，在出现冲突时目标的一致性可使冲突得以有效解决（Hu et al.，2015）；对项目管理和相关政府要求的自觉服从可以使项目的任务分配、流程设计、会议制度等管理措施得以有效传达和落实，项目要求和期望得以充分的表达和执行,参建方的目标与项目目标实现清晰、统一的整合(Katzenbach et al.,1993;Pettigrew,1998)。MOCB 是跨组织行为,众多利益相关者之间形成了开放的跨组织社会网络,积极正向的力量易于在这种环境产生良性循环(Cameron et al.,2011),最终在网络中形成项目集成。由此提出如下假设。

H3:MOCB 可以正向促进重大工程的项目集成。

7.2.4 项目集成对重大工程项目管理效能的影响

积极组织研究认为,积极的情境可以在组织中形成合力和良性循环,从而为组织产出带来积极偏差,这种积极偏差是效能涌现的重要组成部分(Cameron,2005)。重大工程是一项系统工程,系统目标的实现需要依靠多个利益相关者的共同努力,参建方之间的集成是涌现项目管理效能的重要因素(Patanakul,2015)。在 MOCB 塑造的集成项目环境中,参建方的需求和其他参建方的支持可以在多样化和差异化的群体间权变灵活地得到有效的匹配(Guenzi et al.,2015),以此应对内外部环境导致的目标不确定性。作为一种跨组织行为,MOCB 带来的项目集成有利于强化多主体间的目标一致性导向,设计与施工、施工与监理、业主与总包等多个关联参建方形成统一的共识,每一方的首要目标均为促进任务目标的达成,而不是各自利益的暂时满足(Davies et al.,2016)。冲突的有效解决和良好的沟通过程可以降低项目管理中跨组织行为的内部消耗,促进整体效能涌现。由此提出如下假设。

H4:项目集成可以正向促进重大工程项目管理效能。

7.2.5 参建方的任务效率对重大工程项目管理效能的影响

对于重大工程而言,整体形象进度一直是管理的首要目标,是利益相关者满意的关键要素(Flyvbjerg,2011;Patanakul,2015)。参建方基于 MOCB 的任务效率改进可以显著加快重大工程的整体进度，确保在预定的关键节点上或工期内准时甚至提前交付利益相关者满意的项目成果。在进度优于质量的传统项目管理目标体系中，任务效率是确保任务质量等其他效能目标的前提（Eweje et al.，2012；Bakker et al.，2013），时间压力是影响项目质量的关键因素，参建方只有在任务进度得到保证的前提下才有更多的精力来关注质量等其他效能指标（Bakker et al.，2013）。MOCB带来任务效率的提升可以解放出参建方的部分精力用以从事其他提升效能的工作，如与母公司或政府相关部门积极沟通，争取更多的人才和必要的资源支持项目建设，及时跟踪周围环境变化，积极响应外部利益相关者的需求，提高他们的满意度（Podsakoff et al.，2000；Aronson et al.，2009）。因此，本书提出如下假设。

H5：参建方的任务效率可以正向促进重大工程项目管理效能。

7.3 问卷设计与变量测量

MOCB的测量仍然使用本书第4章探索性研究得到的工具。

① 项目集成的量表来源。尽管项目管理中已有较多关于集成产品开发（Integrated Product Development，IPD）的研究，但由于缺乏行业实践（Azhar et al.，2014），相关研究或使用仿真方法（Mesa et al.，2016），或以IPD项目为情境研究其他变量间的关系（Zhang et al.，2015），缺乏建设项目管理领域尤其是重大工程情境中关于项目集成的测量工具。鉴于此，本章参考Yen等（2008）对信息系统项目管理中项目集成的刻画，并根据重大工程的情境特征进行修订，删除了无关的题项，形成项目集成的测量工具，共4个题项，具体见表7.1。

表 7.1 MOCB 效果模型的测量工具

变量	编码	题项	因子载荷
项目集成（IP）	IP1	我方与其他参建方彼此信任	0.8748
	IP2	我方与其他参建方之间的冲突总能有效解决	0.8820
	IP3	我方与其他参建方之间沟通顺畅,通关路径较短	0.8563
	IP4	我方与其他参建方可以实现有效的合作	0.8839
参建方的任务效率（TEY）	TEY1	我方的任务压力得以缓解	0.8855
	TEY2	我方的任务完成时间大大缩短	0.8668
	TEY3	我方与其他参建方之间的扯皮现象大大减少	0.8919
重大工程项目管理效能（PES）	PES1	该项目的形象进度良好	0.7684
	PES 2	该项目较少发生质量事故	0.8158
	PES3	该项目的成本得到了有效控制	0.7437
	PES4	该项目较少发生重大安全事故	0.7477
	PES5	该项目实现了一定程度上的技术创新	0.7298
	PES6	该项目实施过程中变更较少	0.6836
	PES7	该项目得到了政府和各参建方的满意评价	0.8557

② 参建方的任务效率量表来源。基于 Serrador 等（2015）从进度和预算两个方面对项目任务效率进行测量，本章重点考察 MOCB 对本项目中参建方的任务效率这一过程指标的影响。考察 MOCB 的价值需要从重大工程整体项目管理效能出发，而重大工程整体上普遍对成本不够敏感（Flyvbjerg，2014），同时，MOCB 的实施本身就意味着需要参建方承担一定的合同外成本损失，这种成本损失是需要超出本项目周期的、未来的价值兑现来弥补，也不属于重大工程项目管理的内容。因此，为了充分考察 MOCB 的直接产出，本章并未将成本因素纳入研究。相关文献也认为重大工程中任务效率的核心指标是进度，并指出任务压力与复杂的相互推诿扯皮也是任务效率的重要表现（Eweje et al.，2012；Bakker et al.，2013）。访谈专家

甚至认为进度是保证质量的前提。综合以上分析和调整，本章中任务效率的测量将围绕任务进度、任务压力及推诿扯皮3个方面展开研究。

③ 项目管理效能的量表来源。效能测量有较大的主观性（Cameron，2005）。结合 Patanakul（2015）关于重大工程项目效能的特征描述，重大工程组织效能除了要对进度、质量、安全、成本等传统关键项目产出指标进行考察，还应关注变更等过程不确定性（Giezen et al.，2015），以及利益相关者的满意水平等主观评价（Petro et al.，2015）；同时，访谈专家尤其是发起方政府的专家普遍认为重大工程的形象进度是首要目标，技术创新也是关键考核指标，管理效能的内涵应将进度调整为形象进度，并加入对技术创新的考量。综合以上观点，本书的重大工程项目管理效能测量工具包括形象进度、质量、安全、成本、过程变更、技术创新及政府和关键利益相关者的满意度，共7个题项。

基于以上文献分析、访谈、量表修订形成本章的初步问卷，由两名博士生对题项的陈述进行理论化处理。经过上述多个步骤，最终得到本章的测量工具，见表7.1，对应附录C中问卷的第四部分。

7.4 分析与结果

7.4.1 测量模型评估结果

本章的数据收集也来自第4章的行业实地调研，调研过程和对象均保持一致，因此不再重复。在数据分析方面，仍选用SmartPLS2.0M3对测量模型进行评估。测量模型的评估结果见表7.2。表7.2表明，所有AVE值均大于0.5，且每个变量的AVE平方根都高于它与其他变量之间相关系数的绝对值，这表明变量具有良好的区分效度（或判别效度）。MOCB效果模型相关变量的标准化因子载荷见表 7.3。表 7.1 和表 7.3 显示：①所有因子载荷均高于 0.5，且 t 值大于 2.58（即 $p<0.001$），表明因子测量信度是可接受的（Hair et al., 2011；Ning et al., 2013）；②CR 值均大于 0.7，表明每个变量的组成效度均在控制水平之上（Hair et al., 2011）；③标准化因子载荷均处于大于 0.7 的控制水平（Hulland, 1999），且 t 值均在 $p<0.001$ 的水平上呈现显著性，不存在交叉因子载荷，表明构念具有良好的收敛效度（Hair et al., 2011）。

表 7.2　MOCB 效果模型量表的信度与效度

测量题项	AVE	CR	Cronbach's α	IPD	PES	TEY
IPD	0.7644	0.9285	0.8973	**0.8743**		
PES	0.5858	0.9078	0.8810	0.6703	**0.7653**	
TEY	0.7769	0.9126	0.8564	0.6435	0.6127	**0.8814**

注：加粗部分为 AVE 值的平方根，由作者手动计算得到。

表 7.3　MOCB 效果模型相关变量的标准化因子载荷

测量题项	IP	PES	TEY	t 值
IP1	**0.8748**	0.6227	0.5976	52.59
IP2	**0.8820**	0.5727	0.5500	46.62
IP3	**0.8563**	0.5420	0.5397	41.65
IP4	**0.8839**	0.6027	0.5619	48.92
PES1	0.5240	**0.7684**	0.5061	23.20
PES2	0.5329	**0.8158**	0.4055	37.11
PES3	0.4617	**0.7437**	0.4636	23.77
PES4	0.4723	**0.7477**	0.3740	18.37
PES5	0.5207	**0.7298**	0.4292	23.82
PES6	0.4421	**0.6836**	0.5420	15.86
PES7	0.6139	**0.8557**	0.5564	46.16
TEY1	0.5492	0.5459	**0.8855**	51.54
TEY2	0.5447	0.5237	**0.8668**	41.70
TEY3	0.6063	0.5501	**0.8919**	63.69

注：加粗部分为各题项在所测变量上的载荷值，所列 t 值为该载荷值对应的显著性水平。

7.4.2 结构模型评价结果

为了更加直观地陈述模型验证结果,本章采用图7.2的形式描述模型的评价结果,详细的路径检验结果见表7.4。根据图7.2可知,模型中MOCB及各变量对项目管理效能影响的R^2值为0.586,表明所构建的模型可以对PES变量进行较好的解释。MOCB与重大工程项目管理效能之间的路径系数为0.34且在较高水平上显著($p<0.001$),因此,假设H1得到了验证;MOCB与参建方任务效率之间的路径系数为0.36,且在最高水平上显著($p<0.001$),因此,假设H2得到了验证;MOCB与项目集成之间的路径系数为0.56且在较高的水平上显著($p<0.001$),因此,假设H3得到了验证;项目集成与重大工程项目管理效能之间的路径系数为0.28,且在最高水平上显著($p<0.001$),因此,假设H4得到了验证。参建方的任务效率与项目管理效能之间的路径系数为0.31,且在最高水平上显著($p<0.001$),因此,假设H5得到了验证。

表7.4 研究模型路径检验结果

路径	路径系数	t值	假设
OCB—PES	0.3420	7.3086	H1通过验证
OCB—TEY	0.3639	7.0539	H2通过验证
OCB—IP	0.5587	14.8671	H3通过验证
IP —PES	0.2817	4.9905	H4通过验证
TEY—PES	0.3070	6.1224	H5通过验证

相对于在提高参建方的任务效率方面的影响,MOCB对项目集成的影响更为突出。但相对项目集成,参建方的任务效率显然对重大工程效能涌现有更为显著的作用。这表明,任务效率对效能涌现有更为直接的影响。

第 7 章 重大工程组织公民行为的效果：效能涌现

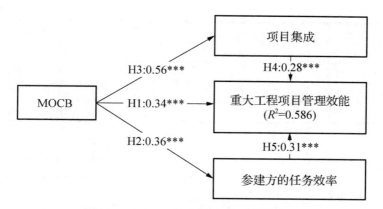

图 7.2 MOCB 效果研究模型检验结果

注：***表示 $p<0.001$。

专家访谈指出，基于 MOCB 的项目集成同样会影响参建方的任务效率。为了验证这一判断，本章进一步构建了包含项目集成对参建方的任务效率影响的替代模型，计算结果见图 7.3。将项目集成与参建方的任务效率的关系引入 PLS-SEM 模型，详细数据分析结果见表 7.5。图 7.3 的计算结果显示，在引入项目集成对参建方的任务效率的影响之后，项目集成与参建方的任务效率的关系却显示高度显著（$t=13.88$），且路径系数较高（0.64），这表明项目集成也可以直接带来参建方的任务效率较大程度的改进。同时还发现，其他变量之间的关系并无显著变化，而 MOCB 与参建方的任务效率的关系则变为不显著（$t=0.12$）。这表明，MOCB 对参建方的任务效率之间的直接关系并不显著，即前述 MOCB 与参建方的任务效率的系数计算结果并非两者之间的直接关系，很可能是包含了项目集成及其他中介的传导效应。

表 7.5 含项目集成对参建方的任务效率影响的模型路径系数

路径	路径系数	t 值	假设
IP—PES	0.28	5.21	H4 通过验证
IP—TEY	0.64	13.88	通过验证

续表

路径	路径系数	t 值	假设
OCB—IP	0.56	14.10	H3 通过验证
OCB—PES	0.34	7.00	H1 通过验证
OCB—TEY	0.01	0.12	未通过验证
TEY—PES	0.31	6.5	H5 通过验证

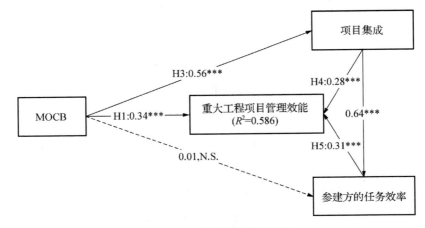

图 7.3　中介检验的替代模型

注：N.S 表示不显著；***表示 $p<0.001$。

7.4.3　中介效应分析

为了进一步验证项目集成在 MOCB 与参建方的任务效率路径中可能存在的中介作用，本章仍根据 Baron 等（1986）的建议采用因果步骤法进行检验分析，具体分为 4 个步骤。

第一步，计算 MOCB（自变量）与参建方的任务效率（因变量）的关系，根据图 7.2 可知，两者的路径系数为 0.36，且在高水平上显著（$t=6.9$）。

第二步，计算 MOCB（自变量）与项目集成（中介变量）之间的关系，根据图 7.2 可知，两者关系也在较高水平上显著。

第三步，计算项目集成（中介变量）与参建方的任务效率（因变量）之间的关系，根据假设 H1 可知，两者的关系也在较高水平上显著。

第四步，加入项目集成（中介变量）之后，图 7.3 显示，MOCB 对参建方的任务效率的路径系数不再显著（$t=0.12$），但整体模型对项目管理效能涌现的解释程度并未发生变化，R^2 值仍为 0.586，表明了上述中介作用的客观性。因此，项目集成在 MOCB 影响参建方的任务效率的关系路径中起到了完全中介作用。

为了进一步分析 MOCB、项目集成、参建方的任务效率、重大工程项目管理效能之间的复杂关系，本章也构建了图 7.4 所示的替代模型。根据图 7.4 可知，MOCB 对重大工程项目管理效能的总体影响路径系数为 0.618（$t=18.43$），模型的 R^2 值为 0.38，即 MOCB 本身对重大工程项目管理效能的整体解释程度为 38%。在此基础上，经过同样的步骤分析结果显示（表 7.6 与表 7.7），项目集成与参建方的任务效率同样在 MOCB 效能涌现的过程中起到部分中介作用，但两者的中介作用存在差异。在参建方的任务效率的传导作用中，MOCB 对重大工程项目管理效能的涌现系数从 0.618（$t=18.43$）下降为 0.45（$t=10.53$）；而在项目集成的传导作用下，MOCB 对重大工程项目管理效能的涌现系数则改变为 0.36（$t=6.96$）。因此，项目集成的中介作用更为突出。结合任务效率对项目集成的影响可知（项目集成对重大工程项目管理效能的直接影响为 0.653，整体模型中包含参建方的任务效率，系数改变为 0.28，因此存在中介作用），参建方的任务效率在项目集成影响效能涌现的过程中也起到了重要的中介作用。

表 7.6 项目集成在 MOCB—项目管理效能路径中的中介效应检验

路径	路径系数	t 值	结果
MOCB—PES	0.36	6.96	通过
MOCB—IP	0.56	13.68	通过
IP—PES	0.45	8.83	通过

表 7.7　参建方的任务效率在 MOCB—项目管理效能路径中的中介效应检验

路径	路径系数	t 值	结果
MOCB—TEY	0.36	6.96	通过
MOCB—PES	0.45	10.53	通过
TEY—PES	0.44	10.49	通过

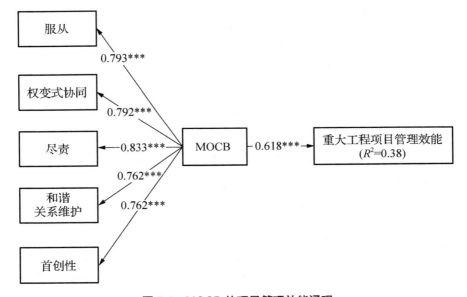

图 7.4　MOCB 的项目管理效能涌现

注：***表示 $p<0.001$。

7.5　结果讨论

本章通过分析 MOCB 对参建方的任务效率、项目集成及其对重大工程项目管理效能的促进作用和相互关系，揭示了 MOCB 的重大工程项目管理效能涌现效应。分析结果显示，MOCB、项目集成、参建方的任务效率三者之间的关系均得到了验证，但相关路径呈现复杂性特征。结合 MOCB 多重效果之间的关系分析可知，通过提高项目整体集成程度和参建方任务效率的改进，是 MOCB 产生效能涌现的重要路径。上述结果既呼应了现有研究中关于 OCB 结果的研究对行为主体绩效及其任务情境影响的关注（MacKenzie et al., 2011; Rubin et al., 2013; Jing et al., 2014），也是参建方积极行为的价值体现，有助于从积极组织研究出发揭示除技术因素之外实现重大工程项目管理效能涌现的积极动力，并可用于解释重大工程项目管理效能低下的潜在原因。

7.5.1 MOCB 的效能涌现路径

从整体上讲，参建方通过实施 MOCB 可以显著促进整个项目管理的效能涌现，两者的相关系数达到 0.618，可以解释 38% 的项目管理效能涌现，这与以往研究中 OCB 可以解释至少 30% 以上组织效能的结论基本一致（Ahadzie et al., 2008）。如访谈中有专家指出："一般做得好的项目中参建方的 OCB 都比较高，大家都比较自觉，做事都比较积极主动，彼此之间的磨合和配合都比较到位。"

根据多重中介效应分析可知，MOCB 的项目管理效能涌现效应主要是通过以下路径实现。

（1）MOCB—项目集成—重大工程项目管理效能

根据积极组织研究的观点（Cameron, 2005），在重大工程这类由多个参建方组成的跨组织环境中，MOCB 这类积极行为可以在这个跨组织网络中快速形成具有放大和缓冲特性的良性循环，既能够持续产生不断增强的项目管理效能涌现，又可以防止项目管理整体效果受到负面因素的侵蚀，使得重大工程项目管理具有面对负面挑战的弹性和抵抗力。这种自我强化的弹性系统直接可以实现超出项目期望的产出（Cameron, 2005），这也为提高重大工程项目管理效能提供了新的机制和策略。重大工程参建方之间的任务具有高度的依赖性和复杂性，难以对建设过程实现完全有效的监督，需要充分调动参建方的积极性和自觉性，降低行为异化导致的不确定性，进而促进项目管理目标的实现。然而限于传统项目管理形成的对业主方、施工方或设计方的功利偏见及冲突导向（Anvuur et al.，2007；Flyvbjerg，2014），MOCB 这类积极行为往往得不到信任和重视，也普遍被认为难以对项目目标产生实质性影响。尽管很多项目通常都会设置一些评优或竞赛，并给予精神鼓励来激发参建方的正面积极性，但较少重视这类措施的重要性及参建方做出相应积极行为的价值体现，实施过程中也往往流于形式或者认为仅仅是为了"表现"。很多项目往往依赖通过加强技术投入或经济激励等物质手段提高参建方的积极性，甚至通过强制性的行政手段使得参建方被迫赶工或投入更多的资源，确保项目管理目标的实现（Aronson et al.，2013）。重大工程项目管理是一项系统工程，对技术手段或物质投入的过度追求往往导致局部最优现象，难以实现系统整体效能最大化（盛昭翰等，2009）。如访谈中有专家指出："在政府对技术创新提出较高要求的项目中，有的施工单位借助重大项目的技术创新平台，一味追求技术突破，远远超出项目实际需要，造成了极大的浪费；有的设计单位则一味追求奇形异构和标新立异，项目的可施工性则难以保证。"

如当前很多政府积极推动的 BIM 信息集成技术也仅仅停留在技术建模或单个参建方内部的翻模工作（Cao et al.，2015），难以有效实现参建方之间真正的信息共享与集成。强制的行政手段在一定时间内有积极作用，但往往也会诱发过度的行政干预和行为异化，如滋生腐败（Le et al.，2014）。经济手段的使用往往使得参建方过度追求眼前的经济利益，形成功利性项目文化，而大部分的经济激励手段或侧重于短期经济利益的计算或强制与惩罚的力度远高于正向激励。对经济利益的计算往往导致参建方之间关系恶化为简单的金钱关系，利益冲突不断（Ross，1973）；惩罚性措施往往使得业主方与施工方之间，尤其是施工方与设计方之间长期处于潜在的矛盾和对立状态（Cheung et al., 2009；Anvuur et al., 2012）。由于项目风险不能得到合理的分摊，业主方往往需要防范施工方在低价中标之后通过偷工减料降低成本或通过经济索赔追加投资；施工方与设计方之间往往因为变更导致不断地扯皮，缺乏必要的信任，相互防范，沟通效率低下，摩擦不断，合作质量不高，进而可能会加剧重大安全事故与质量事故的风险，使利益相关者利益受损，甚至导致政治和社会风险。但如果在技术投入或经济手段的客观物质基础上，能够充分调动参建方的主观能动性等无形资源，使得参建方的价值诉求从眼前利益转化为长期价值，项目管理的各个方面就可以通过MOCB实现有机集成（Aronson et al., 2013；Hu et al., 2014）。MOCB如同系统中的润滑剂（Bolino et al., 2013），使得系统各个部分能够顺畅地互通，并建立信任，长远意识可以减少摩擦和利益冲突，使得技术投入和经济手段的正向作用得以充分发挥（Podsakoff et al., 2014；Aronson et al., 2009）。如访谈中有专家指出："在MOCB普遍较高的2010上海世博会园区建设项目中，大家都很配合，积极性很高，沟通效率也很高，在变更执行的传递方面能减少很多程序，通关的路径很快。当时大家都有个明确一致的目标期望值，别的都不重要了。"

（2）MOCB—项目集成—参建方的任务效率—重大工程项目管理效能

根据组织行为学中关于跨组织或团队跨界层次的OCB研究观点可知（Podsakoff et al., 2014），在重大工程这类复杂的多组织情境中，MOCB作为参建方的跨组织行为产生效能涌现的关键路径之一就是参建方自身任务实施情况的改进。通过对比发现，项目集成会间接通过参建方的任务效率来影响效能涌现，因此，相对于项目集成，参建方的任务效率对重大工程项目管理效能涌现作用更为直接，一般情况下，鉴于形象进度的重要性，只有参建方的任务效率尤其是进度得到有效控制，参建方尤其是施工方才愿意花费更多的精力和资源提高工程质量。如访谈中有专家指出："没有进度和效率就没有质量！重大工程是系统工程，效率高、进度快的话表明系统各个部门间相互运转顺利。"

值得注意的是，总体上项目集成在 MOCB 促进重大工程项目管理效能涌现的过程中起到的传导/中介作用更为强烈，不仅可以通过参建方的任务效率的改进间接影响效能涌现，还可以直接促进项目管理目标的实现。关于高校、餐饮等其他领域 OCB 与效能关系的多个研究认为，OCB 可以通过任务绩效的完全中介作用来促进组织效能涌现（MacKenzie et al., 2011），不同于此结论，本章中参建方基于 MOCB 的任务效率改进在 MOCB 促进重大工程项目管理效能涌现的过程中尽管也起到了关键作用，但仅为部分中介作用，且项目集成在 MOCB 促进参建方的任务效率的过程中起到了完全中介作用，即参建方的任务效率这一中介发挥作用的前提是 MOCB 促进了项目集成的优化。这表明 MOCB 只有在可以对项目集成产生积极影响的情况下才会进一步促进参建方的任务效率，进而通过参建方的任务效率的传导效应实现效能涌现。因此，重大工程情境中跨组织层次的 MOCB 明显不同于单一组织中的个人行为，参建方之间复杂的关系导致效能涌现同样呈现出复杂性特征，仅仅依赖某一参建方的任务效率的改进无法全面提升项目管理效能。传统观点认为任务效率是第一位的，这种观点固然指出了项目管理中的关键重点，本章也验证了任务绩效对项目管理效能涌现的关键作用，但片面认为效率就是一切，甚至进度决定项目整体成功的观点是有失客观的。本章假设 H2 未得到验证，表明 MOCB 通过特定参建方的任务效率改进来实现效能涌现的路径是无效的，揭示了上述传统观点固有的风险。

结合 MOCB—项目集成（完全中介）—参建方的任务效率的路径分析可知，MOCB 通过促进项目集成进而可以给参建方自身的绩效带来实质性的影响。重大工程任务的高度依赖性决定了单纯的高效并不能保证项目管理的有效性。一般情况中，传统的项目任务分解往往将参建方的注意力集中在各自的任务实施过程中（Saunders et al., 2006），并竭力实现标准化，以降低任务实施过程中的不确定性，但重大工程中任务分解的同时也面临复杂的任务整合。尽管分解可以弱化任务的一次性和独特性带来的不可控因素，但重大工程较高的任务目标和普遍存在的独特性偏见（Flyvbjerg, 2014）往往会给常规的任务实施和整合带来较大的挑战和风险，这要求所有参建方必须实现有机的集成，这种集成既包括任务的整合，又包括多个任务界面、上下工序之间等多个衔接处的集成。而作为一种跨组织积极行为，MOCB 发生在参建方共同组成的网络中，在任务实施过程中，MOCB 中的首创与尽责可以有效保证任务本身"做得好"，通过该网络可以建立和维持长期稳定的信任关系，和谐关系导向可以有效化解矛盾与冲突，权变灵活的协同行为使得沟通路径得以缩短，从而实现关联参建方之间"整合得好"，实现有效的合作。同时，在 MOCB 比较普遍的项目中，MOCB 的跨组织属性使得大部分或全部利益相关者可以达成共识，共同采取行动，并在他们构建的跨组织网络中形成可以带来良性循环的项目集成，最终确保项目管理目标的达成。

7.5.2 MOCB 效果的多重性

综合以上分析可知，MOCB 促进重大工程项目管理效能涌现的路径具有多重性。首先，本章验证了两种路径：MOCB—项目集成—重大工程项目管理效能和 MOCB—项目集成—参建方的任务效率—重大工程项目管理效能。作为 MOCB 的直接产出，项目集成可以直接实现效能涌现，也可以通过参建方的任务效率的提高这一间接作用来促进项目管理目标的实现。在这两种路径中，参建方的任务效率仅在项目集成促进效能涌现的过程中起到部分中介作用，而项目集成则是两种路径发挥作用的关键。其次，在 MOCB—项目集成—重大工程项目管理效能的路径中，项目集成仅有部分中介作用。这表明，尽管项目集成在 MOCB 的直接产出中对效能涌现有着更为关键的作用，但并不是 MOCB 的全部直接产出，MOCB 还存在其他直接的产出可以实现效能涌现，这构成了 MOCB 实现重大工程项目管理效能涌现的新路径。最后，在 MOCB—项目集成—参建方的任务效率—重大工程项目管理效能的路径中，参建方的任务效率仅为部分中介作用，这表明基于 MOCB 的项目集成还可能通过其他路径来影响项目管理目标的实现。在重大工程项目这样的复杂情境中，MOCB 作为一种积极的跨组织行为，既包括参建方自身"做得更好"（首创行为和尽责行为），又包括与周围关联方"合作得更好"（服从、权变式协同与和谐关系维护），嵌入所有参建方共同组成的跨组织社会网络当中，任务与行为主体的复杂关系导致效能涌现路径不唯一，对项目管理目标可以产生系统性的影响。

7.6 研究结论与管理启示

基于组织行为学、积极组织研究和组织效能理论，本章围绕业主方、施工方和设计方等关键参建方的 MOCB 如何影响重大工程项目管理目标的达成这一研究问题，构建了 MOCB、项目集成、参建方的任务效率、重大工程项目管理效能涌现之间关系的理论模型，并基于来自业主方、施工方和设计方三方的调研数据，采用结构方程模型方法对理论模型进行了验证，综合考察了 MOCB 对参建方自身任务实施、参建方之间的集成及其对实现项目管理目标的作用，揭示了 MOCB 的项目管理效能涌现效应，主要有以下 3 点结论。

① 参建方实施的 MOCB 可以显著促进重大工程项目管理目标的实现。MOCB 与重大工程项目管理效能涌现高度相关，即业主方、

施工方和设计方基于主观能动性实施的积极行为可以在较大程度上促进重大工程项目管理目标的实现。

这一结论一方面肯定了参建方主观能动性的重要积极价值，有利于纠正传统建设领域中对技术或经济手段等物质投入的依赖，逐渐建立对参建方主观努力的信任和重视，同时也揭示了当前众多重大工程普遍在大规模的经济投入与实现高水平技术突破的同时仍未能实现项目管理目标的原因之一，可能在于未能有效调动参建方的主观能动性并与项目管理目标切实关联。工商企业研究中已经将 OCB 纳入企业管理的重要内容，并已渗透在人力资源管理、团队建设、对外合作等一系列活动中（Gong et al.，2010；Organ et al.，2011；Rose，2016）。当前重大工程项目管理应摒除意识偏见、功利性导向及"形式主义"，在确保物质投入的硬基础上，从意愿和行动上信任并重视 MOCB 这种"软"资源的重要工具价值，在管理中"软硬兼施"，通过机制设计将参建方的未来价值诉求与项目目标实现挂钩，通过满足参建方未来的价值诉求来提高参建方的建设热情，借助 MOCB 减少潜在的管理效能损失。部分项目已经充分意识到了这种"软"资源的重要作用。在本书进行现场调研的项目中，有部分项目表示为了冲刺阶段性目标或确保项目整体目标的实现，曾分标段或项目整体举办过劳动竞赛和类似的评优活动来肯定参建方的服务、服从、协同、精益求精、团队合作等方面的重要价值，鼓励更多的 MOCB，并将这种行为对项目目标的贡献作为参建方信誉评分的重要依据。经验丰富的访谈专家也指出，重大工程的目标在正常情况下往往难以完成，而通过立功竞赛、评选先进等精神激励机制激发 MOCB，则能帮助很多重大工程实现项目管理目标。但这类措施的关键在于不能仅仅停留在形式上或仅为"领导视察"所用，应将 MOCB 与项目管理目标建立对应关系，制定有始有终、切实可行的实施方案，如世博会参加立功竞赛的参建方要求提交竞赛方案，

MOCB 事例通过台账进行记录，要求在安全、进度、质量、成本、服务、文明施工、干部优秀 7 个指标上"见人、见物、见精神"，MOCB 与工程进展紧密关联。因此，MOCB 的价值得以直观地体现和充分地利用，同时也塑造了积极进取、和谐共赢的项目文化，参建方的潜力可以得到充分的发挥，并可以有效地将参建方的精力集中在统一的项目目标上，以大局为重，形成合力，往往可以取得超出想象的效果。

② 关于 MOCB 与项目集成和参建方的任务效率的关系。MOCB 与项目集成，项目集成与参建方的任务效率的关系均得到了验证，且两者均可进一步显著促进项目管理效能的涌现，形成了 MOCB 实现效能涌现的两种路径：MOCB—项目集成—参建方的任务效率—重大工程项目管理效能 和 MOCB—项目集成—重大工程项目管理效能。项目集成作为 MOCB 的直接产出，一方面可以直接促进项目管理目标的实现，同时还可以通过提升参建方的任务效率来间接促进重大工程项目管理效能涌现。从具体过程来看，项目集成在 MOCB—参建方的任务效率之间起到了完全中介效应，但 MOCB 与参建方的任务效率的直接关系并未得到验证，即 MOCB 完全依赖项目集成来影响参建方的任务效率，在缺乏项目集成的情况下，MOCB 并不能直接提高参建方的任务效率来实现项目管理目标。显然，项目集成是 MOCB 对实现项目管理目标发挥积极作用的关键必要条件。

在实际项目管理实践中，考虑到当前设计—招标—建造（Design-Bid-Build，DBB）等传统项目管理模式与交付模式对项目集成的制约（Bilbo et al.，2015），MOCB 这种积极的跨组织行为在促进参建方的任务效率和整体项目效能的过程中对项目集成的依赖凸显了当前建设行业项目管理模式改进的必要性。从美国等发达国家的基础设施项目建设管理实践来看，许多项目已经意识到传统项目管理模式的弊端，积极推进 IPD 模式或参考 IPD 模式的相关思想来优化项目管理模式,结合自身特征尝试使用伙伴式商业模式（Partnership Pattern Business Model）等集成交付模式（Bilbo et al.,2015），这一点在本书作者对美国大型基础设施项目进行的访谈中也有提到（见第8章未来展望和附录H的访谈提纲）。美国建筑业中已有操作性较强的实施方案来促进业主方、施工方和设计方三方的协同与集成（ADOT,2013）。从行业环境来看，美国的国际会计师公会（The Association of International Accountants,AIA）已经可以提供适用于IPD等新兴项目交付模式的合同文本（Anderson et al.,2013）。目前，国内仍然普遍使用DBB等传统的割裂式的项目交付模式，施工方无法提前介入业主方和设计方的前期项目决策，设计方也缺乏参与项目实施的意愿和努力，很多业主方自身并不具备相应的项目整合能力，制约了关键参建方在项目建设过程中的跨组织集成，进而在很大程度上影响MOCB这一跨组织积极行为对重大工程项目整体管理效能的涌现效应。我国仅有部分学者在努力尝试将美国的IPD等先进模式和理念引入国内，但尚未看到相关的行业支持措施，实践中仅有上海中心大厦等部分项目采用了类似IPD的模式，并积极采纳BIM等手段和工具来提高项目集成程度（何清华等，2016），而大部分的项目管理仍然沿用传统的DB（Design and Building）或DBB模式，对BIM的应用大多停留在翻模或局部应用阶段，也无法实现项目的全面集成。随着重大工程项目管理中对合作、协同等MOCB相关跨组织行为的重视和提倡，尽快健全支持项目集成交付模式创新的行业环境，创造可以充分发挥MOCB积极作用的项目环境，已经愈加必要和迫切。

③ 关于MOCB促进项目管理效能涌现的具体过程。基于MOCB的项目集成与重大工程项目管理效能涌现的直接关系及通过参建方的任务效率促进项目管理效能的间接关系均得到了验证。项目集成在MOCB—重大工程项目管理效能的作用及参建方的任务效率在项

目集成—重大工程项目管理效能路径中的作用均为部分中介。即MOCB实现效能的过程并不唯一，不仅可以通过项目集成和参建方的任务效率两种路径部分地促进项目管理目标的实现，还可以通过其他多种渠道实现重大工程项目管理效能涌现。在这些路径中，尤其要注意与传统项目管理观点形成较为明显反差的是，从整体来看，MOCB并不必然地带来参建方的任务效率的提升，而参建方的任务效率也无法对项目管理目标的实现产生决定性的影响。

实践中，尽管发起方政府对重大工程各个方面均有较高的要求，但考虑到项目成果的可展示性，很多项目往往片面地激励关键工序的首创性，而忽略了图纸的可施工性、成本等任务界面和综合效能指标之间的交互影响；还有很多项目往往认为参建方建设项目的积极性主要应该体现在建设速度的提高，甚至采取单一的激励措施来鼓励参建方赶工，这不仅使MOCB的积极作用未能充分发挥，还导致很多项目因局部最优、全局次优的后果而饱受诟病。重大工程项目管理是一项系统工程，这些项目在鼓励MOCB和提高建设效率等关键目标的同时，不仅要打破传统项目管理的思维定式，还要从项目全局出发，重视和发挥MOCB在参建方跨组织关系中的交互与渗透作用，全面提高项目管理效能，实现全局最优。

第 8 章
结论与展望

8.1 主要研究结论

基于积极组织研究、组织行为学、团队利他理论、制度理论与组织效能理论的最新发展视角，通过对近十年来我国 23 个重大工程中 652 个参建方行为事例的聚类分析及来自实践界和学术界的 40 位专家访谈，采用质性研究方法，本书识别了 MOCB 这一积极现象；在此基础上，通过对我国 151 个重大工程项目中 260 位项目管理人员的调查，采用层次回归分析、PLS-SEM 等数据分析方法，研究了 MOCB 的情境依赖性和量化特征，识别并验证了 MOCB 的内外部驱动因素及其对重大工程项目管理的价值体现，主要研究结论如下。

① 参建方实施的 MOCB 包括自觉服从对项目有利的规则和要求，彼此保持权变式协同，自觉建立和维护和谐关系，对任务的执行尽职尽责和精益求精，积极思考和采纳创造性的任务交付方法等，分别对应 MOCB 的 5 个维度，即服从、权变式协同、和谐关系维护、尽责和首创性。MOCB 不属于常规的合同范围，但往往会产生超出项目期望的交付结果，并不满足理性经济人的假设，在一定程度上代表了参建方执行任务的主观能动性和创造力。

② MOCB 具有突出的情境依赖性特征，行为指向对象多元化，同时指向重大工程项目任务、政府、参建方和外部利益相关者，且指向对象超出了项目范围，指向所有利益相关者构成的网络；MOCB 发生的范围是重大工程参建方之间的跨组织网络，超出了项目边界，由于项目的高度不确定性，需要根据项目情形进行灵活应变，因此，具有跨组织和权变属性；MOCB 注重跨组织网络关系导向。和谐关系维护行为是关联指向对象最多的 MOCB，包括参建方、政府部门、关联参建方及外部利益相关者，这涵盖了重大工程跨组织网络中的所有组织；重大工程业主方、施工方和设计方的角色差异并不会显著影响每一方实施 MOCB 的水平，但每一方在不同 MOCB 维度上的具体表现则存在差异。

③ 关于 MOCB 的内部驱动，重大工程参建方实施 MOCB 的动机具有利他属性，包括追求社会价值的完全利他动机和兼具利己与利他成分的、包含企业发展与政治诉求在内的互惠动机。一般情况下，社会价值动机对 MOCB 的驱动作用要大于互惠动机，但重大工程参建方的社会价值动机存在向互惠动机转换的动态特性，即部分被社会价值动机驱动的 MOCB 实际上可能是为了追求企业发展机会和满足政治诉求，尤其是当政府关联普遍较高时，会触发这种转换机制。如在政府投资的重大工程中，政府关联较高的参建方往往会在社会价值动机的掩盖下追求企业发展和政治诉求等具有自利成分的互惠动机。

④ 关于 MOCB 的外部驱动，对于施工方和设计方，外部驱动主要来自制度环境，包括制度规范同构和制度模仿同构，这一驱动过程会受到业主支持与参建方之间关系型信任的影响。其中，制度规范同构对 MOCB 的传播有显著的驱动作用，且业主对 MOCB 的支持在上述影响过程中具有显著的中介作用，但项目中参建方之间的关系型信任并不会影响制度规范同构对 MOCB 的驱动作用。制度模

仿同构对 MOCB 也有显著的驱动作用,但业主对 MOCB 的支持在上述关系中起到了完全中介作用,且参建方之间的关系型信任对上述关系有显著的正向调节作用。通过对比发现,相对于制度模仿同构,制度规范同构对 MOCB 具有更加显著的驱动作用,对促进业主对 MOCB 的支持方面则相对较弱;与制度规范同构效应相比,制度环境中的模仿性要素在驱动施工方和设计方 MOCB 传播和扩散方面的促进作用较弱,在促进业主对 MOCB 的支持方面则有更为强烈的作用;制度模仿同构效应较为温和,更依赖于参建方的自我观察和判断,有更高的自愿性;由于价值评判取决于业主,参建方更在意 MOCB 是否得到了业主的支持和肯定,在业主的支持下,参建方有更多的机会和更高的意愿去观察和模仿其他参建方的 MOCB。

⑤ 参建方实施的 MOCB 可以显著促进重大工程项目管理目标的实现。MOCB 与重大工程项目管理效能涌现高度相关,即业主方、施工方和设计方的自觉积极行为可以在较大程度上促进重大工程项目管理目标的实现。MOCB 实现效能涌现有两种路径:MOCB—项目集成—参建方的任务效率—重大工程项目管理效能与 MOCB—项目集成—重大工程项目管理效能。其中,项目集成在 MOCB—参建方的任务效率之间起到了完全中介作用,即 MOCB 完全依赖项目集成来影响参建方的任务效率,在缺乏项目集成的情况下,MOCB 并不能通过直接提高参建方的任务效率来实现项目管理目标。

8.2 研究创新点

本书的创新点主要体现在以下方面。

① 将积极组织研究和组织行为学应用于重大工程参建方组织行为研究,实现了跨学科的理论创新;探索性地识别了 MOCB 现象,在研究对象和研究视角上实现了一定的突破,为从积极组织研究的最新趋势出发进行重大工程理论与实践创新提供了新的领域和方向。

② 基于团队利他理论和重大工程实践识别了 MOCB 的内部驱动，即参建方追求社会价值、企业发展和政治诉求的利他动机；同时，从项目和参建方两个角度出发考察政府关联这一重大工程突出的敏感因素对利他动机的复杂影响，得出了复杂政府关联导致参建方利他动机中的自利成分隐蔽地增加的结论，为解决当前重大工程项目管理的困境提供了新的决策思路。

③ 通过文本分析和实地调研相结合的方法，从定性和定量两个方面研究了 MOCB 涌现与潜在行为动机的特征，有助于拓展对 MOCB 这一积极现象的内部逻辑与实践特征的认识；关于业主方、施工方和设计方在潜在行为动机和客观行为表现方面的差异性研究，也拓展了对参建方角色差异对其行为和动机影响的认知，有助于纠正传统思维中关于业主方、施工方和设计方角色认知的偏差。

④ 将制度理论应用于重大工程参建方组织行为实证研究，识别了重大工程中 MOCB 特有的制度要素，对比分析了不同制度要素的同构效应。从外部驱动 MOCB 扩散和传播的效果出发，通过了合理的变量设计；从业主支持出发，揭示了外部制度环境驱动 MOCB 的过程机制及其关键环节；从参建方之间关系型信任的情境因素出发，研究了制度环境驱动 MOCB 的重要条件，为重大工程管理实践提供了切实可行的策略依据。

⑤ 将组织效能与积极组织研究的最新理论成果应用于重大工程项目管理研究，揭示了 MOCB 基于项目集成和参建方的任务效率改进实现重大工程项目管理效能涌现的路径，识别了 MOCB 为参建方自身及重大工程项目创造价值的"关键链"在于项目集成。这一结论一方面为发现重大工程项目管理低效的根源提供了新的解释，另一方面为提高重大工程项目管理效能提供了切实的决策依据。这一结论也论证了本书所拓展的研究领域未来研究的理论意义与实践价值。

8.3 研究不足与未来展望

本书的研究虽然实现了一定的创新，得到了上述关键研究结论，但作为一项探索性研究，尚有以下几个方面还有待进一步深入研究。

首先，数据量的限制。由于重大工程调研难度较大，本书实地调研的样本仅有 260 份，尤其关于外部驱动的研究在剔除业主方样本之后问卷不足 200 份。针对这一问题，本书融合了大量实践界与学术界专家的访谈，收集和观察了大量的实际行为事例，为本书提供了较为翔实的研究素材，在一定程度上弥补了数据量的不足。

其次，可能的测量偏差。限于本书为探索性研究，在质性研究过程中遵照经典文献中规范的研究范式和流程，严格按照相关定义与准则，对 MOCB 现象进行仔细的甄别和筛选，并为相关操作提供了较为严谨的理论依据。但质性研究本身存在一定的主观性，事例收集受制于较为有限的公开资源；且限于 MOCB 自身较为抽象，事例中缺乏直接的陈述，本书无法采用文本分析软件进行数据处理，质性分析全过程由人工处理，相关结论可能会存在一定的偏差。未来还需要结合大量的实证研究对识别的 MOCB 测量工具进行验证和修正。

最后，考虑上述数据量限制导致模型变量数目的选择受限及研究的聚焦性，本书关于 MOCB 内外部驱动的研究仅从团队利他理论的框架出发考察了利他动机和制度同构要素的影响，在分析 MOCB 的重大工程项目管理效能涌现路径时仅主要考察了项目集成和参建方的任务效率的影响。而在实际情况中，重大工程及其参建方的组织行为具有高度的复杂性和广泛的社会嵌入性，除了制度环境之外，外部环境中还有大量的因素会影响 MOCB，如宏观环境中的经济发展波动、项目管理体制变革等都会影响 MOCB 的整体水平和行为成本，而 MOCB 对项目管理效能带来的价值有赖于路径选择的合理性，不合理的路径依赖则可能给项目带来负面的效能损失，如完全效率导向的 MOCB 则可能导致项目成本的增加。随着对 MOCB 现象关注的增加及数据可得性的改善，未来可进一步结合计划行为理论、资源依赖理论等，考察其他因素对 MOCB 的影响及效能涌现的其他路径，构建更为系统的"驱动因素—MOCB—效能涌现"理论体系。

作为一项探索性研究，本书仅考察了 MOCB 的基本关键问题。作为一个新兴的研究方向，随着行业实践的发展，未来应有更多值得关注的问题出现，如 MOCB 的培育策略等，需要开展与时俱进的行业观察和问题提取。本书进行了大量的来自行业和学术界的专家访谈，得到了来自实践与理论前沿的宝贵素材，限于笔者的时间和精力，仍有很多值得关注的现象未能展开深入的思考并转化为学术研究，笔者在此整理了中国和美国的典型事例作为代表，为有兴趣的学者提供参考。

① 港珠澳大桥的"依托现象"——根据港珠澳大桥管理局管理人员访谈录音整理。

港珠澳大桥的项目经理指出，重大工程是国家重要的技术与管理创新载体，政府投入了大量的资源来支持项目建设，部分政府关联较强的参建方可能会不计代价地实施 MOCB。如在无人监督且不通知的情况下利用/依托重大工程的资源投入来实现该项目本身并不需要的技术突破，达到与项目无关的目的，并利用自己较高的政府关联将相关成本转嫁给项目；由于我国建设行业普遍存在合同执行意识不强的现象，这类强势的参建方还可能过多地依赖其关联政府部门的介入来帮助解决参建方之间的矛盾和沟通问题，这表面上是维护了关系和谐，但并不是市场化的手段，经常导致更为复杂的问题，实际上并不利于项目建设。

② 美国大型基础设施工程项目中基于 MOCB 的商业模式——根据美国华盛顿 DC 地区州际高速公路 I-95 和 I-495 承建商

Transurban Group 实施的 MOCB 事例访谈录音整理（见附录 H）。

我们受弗吉尼亚州交通部（Virginia Department of Transportation，VDOT）的委托，对 I-95 和 I-495 进行维护和运营，相近的 I-395 并不属于我们的合作范围。但 2014 年，我们发现 I-395 路面出现塌陷，便主动与 VDOT 沟通，提出由我们进行塌陷修复，然后交给我们的施工部门完成这一任务。类似这样的事情，我们没有时间和精力针对一个长达几百页的合同坐下来和 VDOT 谈判，因为完成这项工作的整个过程只是几个小时而已。类似的情况，每个对应的部门有充分的权限来决定如何去做，非常灵活。我们这么做的目的是要成为政府的一部分，还会无偿协助政府提出长期的交通设施解决方案，与政府建立合作伙伴关系，这是我们成熟的商业模式。地方政府、政客等都是我们的重要合作伙伴，通过政府的关系网络高效地追求商业利益与政策上的利益，是我们的重要工作内容。

附　　　录

附录 A　半结构化专家访谈提纲

问卷编号：

尊敬的专家：

您好！

首先，十分感谢您能在百忙之中抽出时间接受我们的访谈。我们是同济大学建设工程管理专业、同济大学复杂工程管理研究院的研究团队，正在开展重大工程组织行为与模式创新的课题研究。

近年来，我国重大工程建设创造了三峡工程、南水北调、青藏铁路、北京奥运工程、上海世博园区等世界工程奇迹，在建设速度、建设规模、技术和管理等各个方面都取得了重大突破。很多人认为，这些巨大成就的取得主要归因于我国特有的体制、制度优势等宏观因素。从微观层面出发，业主、施工单位、设计单位等众多参建方对极端气候条件的克服、特殊情况下的集体赶工、和谐关系的维护、自觉尽责地完成任务、为了大局牺牲局部、积极实现协同、捍卫项目利益（名声、资源等）、提出建设性建议等积极的建设行为是重大工程成功的直接原因。那么，在我国特定的体制与制度环境下，作为重大工程杰出成就的实施主体——参建方为什么会做出这些积极行为？这些行为又会受到哪些因素的影响？它们对重大工程建设目标的实现究竟起到了什么样的直接作用？体制与制度优势又是如何传导至重大工程的建设过程的？等等诸多问题尚未得到关注。

上述重大工程中的积极的建设行为在企业中被称为组织公民行为，因此，我们借鉴企业中的这一学术概念，将重大工程中的参建方的积极建设行为定义为重大工程组织公民行为，即"项目上的各个参与方自觉做出的超越职责要求的（如合同与项目管理制度）、整体上对项目有利的积极行为"，并围绕上述问题，展开课题研究。其中，重大工程是指投资较大，建设复杂性和风险程度很高，工期较长，参与人员众多，对所在地区乃至国家的经济、技术、环境及居民生活有重大及广泛影响的项目，如上海世博会、南水北调、京沪高铁、北京地铁、鸟巢、上海中心等。

本研究问卷中的问题回答无对错之分，请您根据您的工作实践和专业知识，如实反映真实想法及项目实际情况。本问卷不记名，您提供的一切信息只作为学术研究使用，在整个分析处理过程中均对外保密，请您放心填写。

您的支持对完成本研究非常重要，如果没有您的支持和投入，本研究项目将难以实现。非常感谢您的重视和关照！

如果您对本研究结论感兴趣，我们会在研究结束后将研究结果发送给您。

联系地址：上海市杨浦区彰武路 1 号同济大厦 A 座 912

邮编：200092

联系人：杨德磊　　　　Email：2004yangdelei@163.com

请您选择其中一个项目作为案例来回答以下问题，您选择的重大工程项目为＿＿＿＿＿＿＿＿＿＿＿＿＿＿＿＿＿。

该项目的投资方为＿＿＿＿＿＿＿＿＿＿＿＿＿＿；投资额为＿＿＿＿＿＿＿亿元。

第一部分：重大工程组织公民行为访谈提纲

Q1：请根据您参与过的重大工程项目举几个组织公民行为的例子。先请您简单介绍一下上述项目的情况。这些工程项目中是否普遍存在上述重大工程组织公民行为？这些行为产生了什么样的效果？

A：

Q2：您认为重大工程参建方做出这种公民行为的动机有哪些？实施过程中又会受到哪些外部制度环境的影响？可以结合具体的例子来说一下您的体会。

A：

Q3：通过前面的介绍，您认为重大工程参建方表现出组织公民行为会有什么样的结果？为什么？请结合您参与过的重大工程项目从不同角度谈谈您的理解和看法。

A：

Q4：参与主体类型与组织公民行为的表现之间有哪些关联？如果对参建方做出公民行为的意愿进行排序的话，您认为这个排序应该是怎样的？

A：

Q5：对于刚才的讨论（选择一个自己认为需要补充的问题），您还有要补充的吗？

A：

第二部分：受访者背景资料

您的年龄是在什么范围？
□≤20岁　□21～30岁　□31～40岁　□41～50岁　□>50岁

您的教育背景是：
□中专以下　□中专　□高中　□本科　□研究生

您在建筑相关行业的工作年限是_____年，参与重大工程的工

作年限是_____年

您目前所在的工作单位是：_____ 职务：_____

您所在单位在重大工程建设过程中承担过的角色有：

□业主　□承包商　□设计方　□供应商　□工程咨询单位（含监理）　□其他_____

您曾参与过的重大工程项目名称及参与时间：

_____

问卷到此结束，非常感谢您的配合！

附录 B　MOCB 问卷设计结构化访谈专家打分表

题号	变量	问题陈述	同意保留	不同意保留
1	服从	我方（即我们企业，下同）自觉服从项目进度任务安排	□	□
2	服从	我方自觉遵守项目管理要求	□	□
3	服从	我方自觉服从项目制定的任务目标	□	□
4	服从	我方严格服从政府相关部门对项目提出的要求	□	□
5	权变式协同	项目实施过程中，我方会打破常规，确保完成任务	□	□
6	权变式协同	我方会善意提醒其他参建方可能出现的错误	□	□
7	权变式协同	我方会帮助其他参建方解决建设困难，如借用设备等	□	□
8	权变式协同	我方会与其他参建方分享项目经验	□	□
9	权变式协同	我方会在上下工序和界面上给其他参建方提供便利	□	□
10	权变式协同	我方会主动协调解决与其他参建方之间的冲突	□	□

续表

题号	变量	问题陈述	同意保留	不同意保留
11	自觉尽责	根据项目需要，我方会主动组织加班，如赶工等	□	□
12		我方对任务的执行精益求精，严格管理，即使无人监督	□	□
13		我方自觉调用充足的资源（人、财、物）支持项目建设	□	□
14		我方自觉参加或组织团队培训	□	□
15		我方自觉参加和支持项目组织的活动和会议	□	□
16	维护关系和谐	我方主动与政府相关部门构建和谐关系	□	□
17		我方主动与外部利益相关方（移民、拆迁居民、项目周边居民、地方政府相关部门等）构建和谐关系	□	□
18		为了项目利益，我方不计较与其他参建方以往的过节	□	□
19		项目之外，我方积极与其他参建方保持联络	□	□
20		我方从不积极给予项目及其他参建方正面的评价	□	□
21	首创性	我方创新性地提出了改进项目实施的方案	□	□
22		我方主动采纳了先进技术与方法，如 BIM、绿色建筑等	□	□
23		我方指出了项目管理的改进机会和潜在可能性	□	□
24		即使没有要求，我方仍会对项目实施提出建设性建议	□	□
25	奉献	为项目牺牲家庭责任	□	□
26		带病坚持工作	□	□

注：限于篇幅，仅列出 MOCB 的题项陈述打分表作为示例，其他内容同附录 C 问卷。

附录 C 重大工程组织公民行为调查问卷

尊敬的专家：

您好！

非常感谢您拨冗参与本次问卷调研。本调研是我们正在开展的国家自然科学基金研究课题"重大工程组织公民行为识别、动因与培育策略研究"（项目批准号 71571137）的重要组成部分，旨在以参建方的组织公民行为为切入点，研究我国重大工程实施阶段参建方的积极行为表现、行为规律及其管理策略。

鉴于您在重大工程领域的相关成就和经验，我们诚挚地邀请您参与本次问卷调研。问卷中的问题选项无对错之分，**请您选择一个您最近参与过的重大工程项目为参照，给出您认为最能反映该项目实际情况的选择。** 本问卷不记名，我们向您保证，您提供的一切信息只作为学术研究使用，分析处理过程中均对外保密，绝不会透露您的个人信息，请您放心填写。

填写过程预计需要花费您 30 分钟左右的时间，您的支持对完成本研究非常重要。非常感谢您的重视和支持，如果您对研究结论感兴趣，请您在尾页留下您的联系方式，我们会及时将研究结果反馈给您。

博士研究生　杨德磊
博士生导师　何清华　教授
同济大学　建设管理与房地产系
校外导师　Qingbin Cui　副教授
美国马里兰大学帕克分校　土木与环境工程系

注释：重大工程——指整体投资规模较大，具有较高的复杂性，较长的工期，参建方众多，对所在地区乃至国家的经济、技术、环境及居民生活有重要及广泛影响的建设项目。

重大工程组织公民行为——指在重大工程的实施过程中参建方（含业主、设计、施工、咨询/监理、供货商等）主动做出的、整体上对项目有利的积极行为，包括项目服从、权变式协同、自觉尽责、维护关系和谐、首创性 5 个维度，是一种为了得到某种未来潜在隐性价值的行为。

项目基本信息

【请选择一个您最近参与过的重大工程，填写项目基本信息，并以此项目为参照回答本问卷的问题】

1. 您属于该项目的	□业主方（含业主及其委托的工程项目咨询/顾问，如监理、项目管理等） □设计方（含业主委托的设计单位、设计顾问等） □施工方（含施工总包、EPC 总包、专业分包、供货商等）
2. 该项目的开工年份是	
3. 该项目的总投资额为	□<10 亿元　□10 亿~20 亿元　□20 亿~30 亿元 □30 亿~40 亿元　□>40 亿元
4. 该项目属于（可多选）	□国家五年规划项目　□省五年规划项目 □所在地重大/重点项目　□其他
5. 该项目属性为（可多选）	□政府投资项目　□公私合作项目　□私有项目
6. 该项目的管理单位为	□指挥部　□管理局　□项目公司　□项目部 □其他（请注明）＿＿＿＿
7. 您所属企业所有制类型为	□国有独资/控股　□民营　□外商独资/控股 □其他（请注明）＿＿＿＿
8. 该项目所在城市	

第一部分：重大工程组织公民行为现象及行为动机调查

请对您所在参建方团队（简称"我方"）在该项目上表现出的下列组织公民行为动机做出评判，在对应选项前的"□"内打"√"，下同。

请对您所在参建方的行为现象及行为动机做出评判，在对应选项前的"□"内打"√"，下同。

		表现出的下列组织公民行为做出评价	评价				
1	服从	我方自觉服从项目进度任务安排	□非常不同意	□不同意	□一般	□同意	□非常同意
2		我方自觉遵守项目管理要求	□非常不同意	□不同意	□一般	□同意	□非常同意
3		我方自觉服从项目制定的任务目标	□非常不同意	□不同意	□一般	□同意	□非常同意
4		我方严格服从政府相关部门对项目提出的要求	□非常不同意	□不同意	□一般	□同意	□非常同意
5		我方会善意提醒其他参建方可能出现的错误	□非常不同意	□不同意	□一般	□同意	□非常同意
6	权变式协同	我方会帮助其他参建方解决建设困难，如借用设备等	□非常不同意	□不同意	□一般	□同意	□非常同意
7		我方会与其他参建方分享项目经验	□非常不同意	□不同意	□一般	□同意	□非常同意
8		我方会在上下工序和界面上给其他参建方提供便利	□非常不同意	□不同意	□一般	□同意	□非常同意
9		我方会主动协调解决与其他参建方之间的冲突	□非常不同意	□不同意	□一般	□同意	□非常同意
10	尽责行为	根据项目需要，我方会主动组织加班、赶工等	□非常不同意	□不同意	□一般	□同意	□非常同意
11		我方对任务的执行精益求精，严格管理，即使无人监督	□非常不同意	□不同意	□一般	□同意	□非常同意
12		我方自觉调用充足的资源（人、财、物）支持项目建设	□非常不同意	□不同意	□一般	□同意	□非常同意
13		我方自觉参加或组织团队培训	□非常不同意	□不同意	□一般	□同意	□非常同意
14	维护关系和谐	我方自觉参加和支持项目组织的活动和会议	□非常不同意	□不同意	□一般	□同意	□非常同意
15		我方主动与政府相关部门构建和谐关系	□非常不同意	□不同意	□一般	□同意	□非常同意
16		我方主动与外部利益相关方（移民、拆迁居民、项目周边居民、地方政府相关部门等）构建和谐关系	□非常不同意	□不同意	□一般	□同意	□非常同意
17		为了项目利益，我方不计较与其他参建方以往的过节	□非常不同意	□不同意	□一般	□同意	□非常同意

续表

请对您所在参建方团队（简称"我方"）在该项目上表现出的下列组织公民行为做出评价

		评价				
		非常不同意	不同意	一般	同意	非常同意
首创性	18	我方创新性地提出了改进项目实施的方案	□非常不同意	□不同意	□一般	□同意	□非常同意
	19	我方主动采纳了先进技术与方法，如BIM、绿色建筑等	□非常不同意	□不同意	□一般	□同意	□非常同意
	20	我方指出了项目管理的改进机会和潜在可能性	□非常不同意	□不同意	□一般	□同意	□非常同意
	21	即使没有要求，我方仍会对项目实施提出建设性建议	□非常不同意	□不同意	□一般	□同意	□非常同意

行为动机：您所在的参建方团队做出上述行为是因为

			非常不同意	不同意	一般	同意	非常同意
企业发展动机	1	为了未来可以得到更多的项目建设机会	□非常不同意	□不同意	□一般	□同意	□非常同意
	2	为了未来可以与其他参建方有更多的合作机会	□非常不同意	□不同意	□一般	□同意	□非常同意
	3	为了得到各种荣誉，提升本单位的品牌形象	□非常不同意	□不同意	□一般	□同意	□非常同意
	4	为了得到其他参建方的好评	□非常不同意	□不同意	□一般	□同意	□非常同意
社会价值动机	5	为了通过参与重大工程赢得行业和社会的信任与尊重	□非常不同意	□不同意	□一般	□同意	□非常同意
	6	为了通过解决社会问题，承担应尽的社会责任	□非常不同意	□不同意	□一般	□同意	□非常同意
政治诉求动机	7	为了影响建筑领域或当地的技术进步与行业发展	□非常不同意	□不同意	□一般	□同意	□非常同意
	8	为了影响国家或当地的经济发展	□非常不同意	□不同意	□一般	□同意	□非常同意
	9	为了高层管理者的政治前途	□非常不同意	□不同意	□一般	□同意	□非常同意
	10	为了获取更多的政府资源支持	□非常不同意	□不同意	□一般	□同意	□非常同意

第二部分：重大工程的政府关系调查

请您对该项目及参建方项目管理团队（我方项目管理团队）的政府关系分别做出评价[政府关系的定义——指我方团队中管理人员该项目与相关政府部门（含与政府有关的单位）之间存在的正式与非正式的关系，如团队成员曾经或现在与该项目相关的政府部门中有任职或存在隐性关系，项目为中央政府投资项目等]。

	政府关系描述	我方项目管理团队的整体政府关系强度评价					该项目的整体政府关系强度评价				
1	我方项目管理团队/该项目与中央政府相关部门的关系强度	□非常低	□较低	□一般	□较高	□非常高	□非常低	□较低	□一般	□较高	□非常高
2	我方项目管理团队/该项目与省级（含直辖市）政府相关部门的关系强度	□非常低	□较低	□一般	□较高	□非常高	□非常低	□较低	□一般	□较高	□非常高
3	我方项目管理团队/该项目与地级（含直辖市下设的行政区）政府相关部门的关系强度	□非常低	□较低	□一般	□较高	□非常高	□非常低	□较低	□一般	□较高	□非常高
4	我方项目管理团队/该项目与县级政府相关部门的关系强度	□非常低	□较低	□一般	□较高	□非常高	□非常低	□较低	□一般	□较高	□非常高
5	我方项目管理团队/该项目与相关国有企业的关系强度	□非常低	□较低	□一般	□较高	□非常高	□非常低	□较低	□一般	□较高	□非常高
6	我方项目管理团队/该项目与相关行业管理机构（如非营利性行业协会、重点项目办公室等）的关系强度	□非常低	□较低	□一般	□较高	□非常高	□非常低	□较低	□一般	□较高	□非常高

第三部分：重大工程参建方做出上述组织公民行为的影响因素调查

		重大工程参建方做出上述组织公民行为的影响因素	评价				
制度环境	1	国内同类重大工程一般都是超常规的建设模式，已形成惯例	□非常不同意	□不同意	□一般	□同意	□非常同意
	2	社会媒体积极宣传同类重大工程建设方先进事迹（如本问卷第2页列出的6种行为，下同）的积极价值	□非常不同意	□不同意	□一般	□同意	□非常同意
	3	工会、重大项目办公室等行业管理机构大力提倡和组织实施立功（劳动）竞赛、评先进等组织公民行为培育活动	□非常不同意	□不同意	□一般	□同意	□非常同意
	4	其他重大工程通过立功（劳动）竞赛、评先进等组织公民行为培育活动取得了满意的建设成绩	□非常不同意	□不同意	□一般	□同意	□非常同意
	5	其他重大工程通过提高参建方组织公民行为取得了良好的社会影响	□非常不同意	□不同意	□一般	□同意	□非常同意
	6	其他参建方的组织公民行为在该重大工程建设中得到了应有的好评和奖赏	□非常不同意	□不同意	□一般	□同意	□非常同意
业主支持	1	该项目实施了一系列方案提高参建方的组织公民行为，如组织立功（劳动）竞赛、评先进等	□非常不同意	□不同意	□一般	□同意	□非常同意
	2	该项目将提高参建方的组织公民行为作为一项重要工作	□非常不同意	□不同意	□一般	□同意	□非常同意
	3	该项目参建方之间的沟通提供了必要的支持	□非常不同意	□不同意	□一般	□同意	□非常同意
	4	该项目非常肯定参建方组织公民行为在项目中的价值	□非常不同意	□不同意	□一般	□同意	□非常同意
关系型信任	1	基于双方的关系，我方相信对方有直接利害关系的参建方，下同）是讲公平的	□非常不同意	□不同意	□一般	□同意	□非常同意
	2	基于双方的关系，我方相信对方会在项目建设过程中坚守道德	□非常不同意	□不同意	□一般	□同意	□非常同意
	3	基于双方的关系，我方相信对方会在项目建设过程中保障我方的利益	□非常不同意	□不同意	□一般	□同意	□非常同意
	4	基于双方的关系，我方认为对方会在项目建设过程中履行诺言	□非常不同意	□不同意	□一般	□同意	□非常同意
	5	基于双方的关系，我方相信对方具有较高的诚信水平	□非常不同意	□不同意	□一般	□同意	□非常同意
	6	基于双方的关系，我方相信对方具有专业精神	□非常不同意	□不同意	□一般	□同意	□非常同意
	7	基于双方的关系，我方相信对方具有奉献精神	□非常不同意	□不同意	□一般	□同意	□非常同意

第四部分：重大工程组织公民行为产生的项目管理效果评价

请您对以下表述做出评价，在对应选项前的"□"内打"√"。

		评价				
	我方的组织公民行为对该项目集成项目氛围的影响					
1	我方与其他参建方彼此信任	□非常不同意	□不同意	□一般	□同意	□非常同意
2	我方与其他参建方之间的冲突总能有效解决	□非常不同意	□不同意	□一般	□同意	□非常同意
3	我方与其他参建方之间沟通顺畅，通关路径较短	□非常不同意	□不同意	□一般	□同意	□非常同意
4	我方与其他参建方可以实现有效的合作	□非常不同意	□不同意	□一般	□同意	□非常同意
	我方的组织公民行为对该方项目管理效率的影响	评价				
1	我方的任务压力得以缓解	□非常不同意	□不同意	□一般	□同意	□非常同意
2	我方的任务完成时间大大缩短	□非常不同意	□不同意	□一般	□同意	□非常同意
3	我方与其他参建方之间的扯皮现象大大减少	□非常不同意	□不同意	□一般	□同意	□非常同意
	我方的组织公民行为对该方项目管理有效性的影响	评价				
1	该项目的形象进度良好	□非常不同意	□不同意	□一般	□同意	□非常同意
2	该项目较少发生质量事故	□非常不同意	□不同意	□一般	□同意	□非常同意
3	该项目的成本得到了有效控制	□非常不同意	□不同意	□一般	□同意	□非常同意
4	该项目较少发生重大安全事故	□非常不同意	□不同意	□一般	□同意	□非常同意
5	该项目实现了一定程度上的技术创新	□非常不同意	□不同意	□一般	□同意	□非常同意
6	该项目实施过程中变更较少	□非常不同意	□不同意	□一般	□同意	□非常同意
7	该项目得到了政府和各参建方的满意评价	□非常不同意	□不同意	□一般	□同意	□非常同意

您的基本信息（说明：根据您的实际情况，在其前面的"□"处做标记。）

1. 性别	□男　□女
2. 您的年龄	□<25 岁　□26～35 岁　□36～45 岁 □46～55 岁　□>56 岁
3. 教育背景	□中专及以下　□高中　□大专　□本科 □研究生
4. 您参与重大工程建设的工作年限为	□<5 年　□6～10 年　□11～20 年 □21 年以上（请注明）_____
5. 您参与工程建设的工作年限为	□<5 年　□6～10 年　□11～20 年 □21 年以上（请注明）_____
6. 您目前属于	□企业高层　□企业中层 □中层以下（请注明）_____
7. 您在该项目上属于	□高层管理者　□中层管理者 □中层以下（请注明）_____
8. 您参与过该项目的（可多选）	□前期策划阶段　□设计阶段　□施工阶段 □运营阶段
9. 该项目的名称为	

【问卷到此结束，再次感谢您对本次调研的支持和帮助！】

若您对研究成果感兴趣，请留下您的 E-mail：_____，我们将及时向您反馈研究报告的电子版本。您也可在此留下您对本研究的宝贵建议。

附录 D 实地调研的项目清单与问卷分布

项目编码	城市	项目名称	问卷数量	项目编码	城市	项目名称	问卷数量
1	北京—上海	京沪高铁	1	12	北京	北京新国展	1
2	珠海	港珠澳大桥	1	13	南宁	南宁火车站片区基础设施项目群	3
3	河源	广东省龙川—怀集公路	1	14	南宁	南宁市五象大道—友谊道路立交工程	1
4	哈尔滨	哈尔滨地铁 3 号线二期工程	1	15	宁波	宁波轨道交通 3 号线、4 号线（类矩形盾构设备、设计和施工关键技术项目）	1
5	北京	海军 9155 工程	1	16	宁波	宁波市城市夜景美化一期工程	1
6	上海	上海迪士尼旅游度假区 OC2	2	17	郑州	农业路快速通道西段	1
7	十堰	汉十高铁	1	18	莆田	莆田联十一线公路	4
8	杭州	杭州南站	1	19	芜湖	安徽美芝精密 1#2#厂房建设项目	1
9	上海	上海中心	1	20	上海	百联崇明综合体建设项目	1
10	上海	宝钢总部基地	2	21	上海	宝钢文化中心改扩建工程	1
11	洛阳	郑卢高速	7	22	北京	北京之星奔驰中心	1

续表

项目编码	城市	项目名称	问卷数量	项目编码	城市	项目名称	问卷数量
23	北京	北京中海油大厦	4	36	金山	金山"十二五"桥梁改造工程	1
24	鄂尔多斯	大兴国际商都	1	37	开封	开封市祥符区新区基础设施建设项目群	1
25	赣州	定南文化娱乐城	1	38	武汉	凯德广场古田商业综合体项目群	1
26	防城港	防城港档案馆工程	1	39	昆明	昆明轨道交通五号线工程土建八标	1
27	抚顺	抚顺兴隆摩尔世界	1	40	兰州	兰州某研究所实验基地	1
28	郑州	沈庄北路—商鼎路下穿中州大道隧道	1	41	北京	梅赛德斯-奔驰（北京）中心项目群	6
29	上海	黄浦江南延伸段 WS5 单元 188S-M-3	3	42	上海	南方商城项目群	1
30	济南	济南汉峪商务区	1	43	上海	浦江镇世博家园	1
31	济南	济南历下区金融服务中心	1	44	上海	前滩铁狮门	1
32	济南	济南西客站站前广场	1	45	开封	商登高速开封段	2
33	天津	蓟汕高速公路	5	46	上海	上海迪士尼旅游度假区 OC1	4
34	郑州	南水北调中线一期	1	47	上海	上海地铁 10 号线	4
35	上海	金桥地铁上盖项目	8	48	上海	上海国际舞蹈中心	4

续表

项目编码	城市	项目名称	问卷数量	项目编码	城市	项目名称	问卷数量
49	上海	上海国家会展中心	2	65	上海	世博村A地块	1
50	上海	上海国际金融中心	6	66	上海	世博村VIP生活区	1
51	上海	上海虹桥国际机场西广场	1	67	上海	世博会博物馆	1
52	上海	上海交通大学医学院附属仁济医院项目	1	68	上海	世博酒店A	4
53	上海	上海世博会园区建设	1	69	上海	上海地铁12号线	1
54	上海	上海市北外滩白玉兰广场	1	70	郑州	四港联动大道新建工程	1
55	上海	上海市胸科医院项目	2	71	南京	地铁3号线	1
56	上海	上海市长宁区政府大楼	1	72	南通	苏通大桥	1
57	上海	上海市竹园污泥处理工程	1	73	平顶山	檀宫	1
58	上海	上海松江大学城资源共享区项目群	1	74	天津	天津地铁10号线一期工程	5
59	无锡	上汽商用车无锡工厂	1	75	天津	天津高银金融117大厦	1
60	韶关	韶关市新丰县2014—2016国家水利重点项目	5	76	天津	天津文化中心	1
61	鄂尔多斯	神华煤制油工程	1	77	湖州安吉	天使乐园旅游度假区	1
62	沈阳	沈阳地铁9号线	1	78	武汉	万达武汉中央文化旅游区	1
63	上海	世博村J地块	7	79	西双版纳	万达西双版纳国际度假区	4
64	上海	世博宝钢总部基地	2	80	无锡	无锡科技园	1

续表

项目编码	城市	项目名称	问卷数量	项目编码	城市	项目名称	问卷数量
81	汨罗	武广高铁	1	93	郑州	郑州经开区地下管廊	6
82	武汉	武汉中心	1	94	郑州	郑州滨河国际新城建设项目	1
83	西安	西安宜家	1	95	郑州	郑州滨河国际新城土地一级开发项目	1
84	上海	西岸传媒港	9	96	郑州	郑州华南城	1
85	拉萨	西藏妙觉林文化旅游产业园项目	1	97	郑州	郑州经济技术开发区世和项目	1
86	孝感	孝感市文化中心	1	98	郑州	郑州市航空港实验区中兴路道路工程	1
87	上海	新江湾城 F3 地块	2	99	郑州	郑州市陇海路高架快速通道工程	5
88	郑州	兴港新城	1	100	郑州	郑州市民公共文化服务区核心区地下环廊及管廊工程	1
89	盐城	盐城市南环路快速路工程	1	101	北京	中共中央党校体育馆	1
90	上海	耀华地区 16-1 项目	7	102	上海	世博会中国馆	3
91	上海	上海中环线浦东段	2	103	上海	上海地铁 16 号线	1
92	浙江安吉	浙江安吉凯蒂猫乐园	1	104	武汉	中国银行项目	1

续表

项目编码	城市	项目名称	问卷数量	项目编码	城市	项目名称	问卷数量
105	上海	世博酒店项目	1	119	大连	其他	1
106	成都	中海桐梓林一号公建地块	1	120	大连	其他	1
107	郑州	郑州地铁1号线二期	1	121	贵阳	其他	1
108	南京	中航科技城	4	122	贵阳	其他	1
109	上海	中华艺术宫（中国馆改建工程）	3	123	杭州	其他	2
110	郑州	陇海快速路高架	1	124	杭州	其他	1
111	郑州	郑州地铁1号线一期	5	125	高邮	其他	1
112	郑州	郑州市农业路快速通道工程（雄鹰东路—金源东街）	1	126	南京	其他	1
113	郑州	郑州市农业路快速通道工程东段	1	127	南宁	其他	1
114	北京	其他	1	128	上海	其他	1
115	成都	其他	1	129	上海	其他	1
116	成都	其他	1	130	上海	其他	1
117	成都	其他	1	131	上海	其他	1
118	大连	其他	1	132	上海	其他	1

续表

项目编码	城市	项目名称	问卷数量	项目编码	城市	项目名称	问卷数量
133	上海	其他	1	143	上海	其他	1
134	上海	其他	1	144	上海	其他	1
135	上海	其他	1	145	上海	其他	4
136	上海	其他	1	146	上海	其他	1
137	上海	其他	1	147	武汉	其他	1
138	上海	其他	1	148	郑州	其他	1
139	上海	其他	1	149	郑州	其他	1
140	上海	其他	1	150	重庆	其他	1
141	上海	其他	1	151	重庆	其他	1
142	上海	其他	1				
合计			260				

注:"其他"是指问卷未注明项目名称,因调研时一对一沟通,可以确认相关项目不存在重复。

附录 E MOCB 事例聚类举例——权变式协同[①]（部分事例）

聚类结果	
维度名称	权变式协同
编号	行为类型
CCL1	对于突发状况，任务先行，补办流程（打破常规程序，保证按要求完成任务）
CCL2	在上下工序和界面上给其他参建方提供便利
CCL3	帮助其他参建方解决建设困难，如借用设备等
CCL4	与其他参建方进行经验分享，相互学习工艺、工法
聚类过程	
行为类型	具体事例
CCL1	A11（43）组织分包单位进场交底会：项目经理介绍工程特点及当前施工形势，提出工作要求，颁布各项业务工作办理要求、标准和流程，使分包单位尽快了解国家体育馆的施工任务，熟悉各项业务工作的操作流程，以利于总包的统筹指挥与协调
	S-Q（3）大家都很配合，沟通效率很高，这样的工程都是三边工程，执行的传递方面减少了很多程序，大家目标一致，通关的路径很快、过程很顺畅
	S-P（6）协调会随时都可以开，对工程的技术确认、材料确认，包括材料颜色的确认，大家都是一起定
	S2（50）华东院与业主密切保持联系，对业主提出的进度、质量、成果等各方面的要求，及时做出反馈，并做好延伸服务工作
	M（3）搭接界面出现问题，但混凝土2个小时后就要干了，所以没时间打变更报告，只好报告领导，最后是所有负责人都到现场共同想办法，把问题解决了之后再去补程序，解决问题之后，大家也增进了感情【服从（不是合同和领导）、和谐】

[①] 不含依据理论成果添加的 CCL5、CCL6。因全部事例共 652 条，篇幅较长，本书仅选择权变式协同维度的一部分事例举例说明 MOCB 的聚类过程，全部事例清单后续可联系作者查阅。

续表

聚类过程	
行为类型	具体事例
CCL4	S-J（1）不少优秀的金点子是通过设计、施工、监理等多方共同探讨、密切合作甚至是联合申报得来的，体现了围绕共同目标竞争合作、和谐共赢的氛围
	S-J（5）各参赛单位在竞赛平台上团结合作，互帮互学，取长补短，心往一处想，劲往一处使
	S-J（56）世博工程综合赛区各单位汇报交流，互相打分，取长补短，相互学习借鉴
	S-D（6）各单位纷纷制定安全生产方案并展示与发布，相互学习各自行之有效的安全技术措施
	G5（66-2）很多单位在投标前是竞争关系，但在港珠澳大桥劳动竞赛的平台上，都变成了朋友，在建设中不断交流探讨施工工艺和工法等
	S-N（43）每月的竞赛评比中，南口掘进队管理者也从紧紧追赶自己的兄弟队伍中学到了一些好的做法，并迅速在工作中实施，以不断提升规范化建设，保证红旗留在自己手中。同样，别的队伍也从南口掘进队身上看到自己的差距，通过各种手段完善自己，紧追不舍
	G-Z（2）葛洲坝集团三峡机电安装项目部、水电四局三峡机电安装项目部和水电八局三峡机电制造安装项目部分别承担了三峡左岸发电厂14台发电机组的安装任务，他们在招标投标时是竞争对手，但是在国外设备安装过程中，面对国外知名大公司技术专家都解决不了的技术难题，三家单位展开了技术比武，密切协作，加强交流，不仅攻克了难题，而且提前完成了设备安装任务
CCL3	G5（66-3）4月17日，港珠澳大桥管理局党委副书记、工会主席韦东庆在接受记者采访时动情地说，谭国顺当初在签约仪式上即表态："大桥在建设中遇到的技术问题，不管是哪一段、是哪个施工单位，我们都愿意义务为大家提供服务。"
	G1（57）CB04标的项目专家请了CB05标、CB02标等的项目负责人一起多次对安装专项方案进行讨论和评审，CB05标还援助了设备吊装
	G（23-5）上安公司机电安装施工时，遇到了毛坯施工作业面无法展开、施工队伍出现窝工的困难局面，上海建工七建集团有限公司积极帮助上安公司排忧解难，专门修建了直达B2层的车辆便道，解决了地下层施工中材料设备输送难的问题

续表

聚类过程	
行为类型	具体事例
CCL3	S-S（2）上安公司安装卫生洁具时，遇到施工图纸、施工条件等方面的困难，华东院及时提出了最佳方案，并帮助设计人员解决了出图问题，装饰施工单位配合解决了交叉施工中的安全作业问题，使洁具安装快速圆满地完成
	S-N（48）南水北调-PCCP管道安装遭遇了张坊输水管道改线抢工的拦路虎，工期异常紧迫，PCCP项目部便请水电五局安装分局项目部来支援。这不是该项目部的分内工作，但当项目部接到抢工通知后，便立刻组织"水电五局青年突击队"投入到了紧张的抢工中。时间一分一秒地逝去，突击队员在寒风中或蹲或站了40多个小时
CCL2	A6（17）北京城建集团多次与业主方、设计方进行多种渠道的协调（发工作函、开会、电话联系等方式），经常与精装修单位共同去现场查问题，共同提出解决措施，协调好各工序之间的衔接方法
	A5（13-0）室外管线施工时恰好与结构施工交叉，考虑到外线施工挖土容易造成混凝土运输罐车无法进场运输，施工人员在查看了现场外线施工后积极与结构施工人员进行工期碰头和施工安排，将外线施工与结构施工叉开，使两项工作施工都在控制之中，同时也确保相互不影响，如有相互影响马上进行进度协调
	S-N（42）2012年4月标段内新增了3座大桥，桥梁施工方为施工需要将多处已开挖回填成型的渠道断面重新又挖开，打乱了渠道衬砌施工先后次序的安排。面对这种局面，符运友不等、不靠、不要，积极主动与桥梁参建各方沟通联系，及时调整渠道衬砌施工作业面的先后次序，不惜代价加大衬砌及资源投入，从而保证了渠道施工工期
	A10（38）施工图详细设计中的细致化：各个分项交界处容易出现三不管的地方，这时要做到专业图纸的综合化、细致化，通过界面管理，由总包协调，要求每个专业图纸应将交界面处的相关分项工程的做法准确无误地表达清楚，即使是其他专业分包施工的内容也要表达清楚，以充分保障工程实施的顺利进行
	D（1）设计图纸中存在的问题，施工方看出来了就会主动给业主提出很好的修改意见和建议
	D（2）钢结构需要提前订货，业主会主动跟财务说，将资金先支付给乙方，虽然合同里并没有要求这个时候就要给乙方付款

续表

聚类过程

行为类型	具体事例
CCL2	S（19）上海建工集团（简称建工）如何配合好布展，为布展单位施工提供有利条件是施工协调的一个难点。最后建工积极配合，将布展区域提前完工，其余部分施工穿插进行，以布展单位为主，建工为辅，碰到任何问题，建工让路，以满足布展单位的所有施工需求，布展单位的水电、施工场地、施工设施由建工免费提供
	G（6）广东海事局改变工作方式，多次组织临时航道探讨会，分项确定各自的任务和节点目标，用最快的速度完成海图排版，出台现场警戒方案，快速组织管制警戒船只进场，成立了岛隧现场管控指挥部

数据来源：作者通过公开资源收集得到。

附录 F　结构化访谈专家清单

编号	职务	来源	角色	重大工程工作年限	参与重大工程数量
1	教授	同济大学	学者	30	—
2	教授	同济大学	学者	25	—
3	教授	哈尔滨工业大学	学者	20	—
4	教授	华中科技大学	学者	15	—
5	教授	同济大学	学者	11	—
6	教授	同济大学	学者	20	—
7	副总经理	上海浦东国际机场枢纽工程	业主	12	3
8	项目经理	上海漕河泾开发区	施工总包	14	3
9	总工程师	上海国际金融中心	施工总包	15	3
10	项目总经理	南宁火车东站片区项目群体工程	项目管理咨询	5	1
11	项目副总经理	上海西岸传媒港	项目管理咨询	6	2
12	总工程师	世博会园区建设	施工总包	25	4
13	项目总经理	上海迪士尼旅游度假区 OC1	项目管理咨询	10	3
14	计划合同部部长	港珠澳大桥	业主	10	2

附录 G 基于 SmartPLS2.0M3 的中介效应检验过程

第一步，单独计算互惠动机（自变量）与 MOCB（因变量）之间的关系，路径系数为 $\beta=0.513$，具有统计显著性（$t=12.599$），这也直接再次验证了 H1a。

第二步，计算互惠动机（自变量）与社会价值动机（中介变量）之间的关系，路径系数为 $\beta=0.621$，具有统计显著性（$t=14.615$）。

第三步，单独计算社会价值动机（中介变量）与 MOCB（因变量）的路径系数为 $\beta=0.571$，具有高度统计显著性（$t=15.251$），这也再次验证了 H1b，且该系数大于互惠动机的路径系数（$\alpha=0.517$）。

第四步，加入社会价值动机（中介变量）后，互惠动机（自变量）与 MOCB（因变量）之间的关系路径系数为 $\beta=0.266$，仍然具有统计显著性（$t=4.598$），但路径系数明显下降（从 $\alpha=0.517$ 下降为 $\alpha=0.295$；从 $\beta=0.513$ 下降为 $\beta=0.266$），因此，社会价值动机（中介变量）在互惠动机（自变量）与 MOCB（因变量）之间的关系中的部分中介作用得到了验证。

附录 H 美国大型基础设施项目承建商 MOCB 事例访谈提纲

Interview Proposal about Call Meeting with Transurban Group Interviewee:

（1）Jennifer Aument，Group General Manager, North America of Transurban Group

（2）Andrew Hiegl，Operations Maintenance Supervisor

Part 1: about the sinkhole case and organizational citizenship behavior.

At first, our research regards organizational citizenship behavior in construction projects that includes company social responsibility, and some positive action beyond formal contracts, especially the sinkhole case Ms Aument mentioned before, so we hope you describe the situation about this case. For instance,

（1）How did you identify the issue? When?

（2）How did you make the task order to repair the sinkhole? Whether informed or communicated with VDOT?

（3）How did you get payment? Or how to cover the repair cost?

（4）Why did you do that? What is your motivation in this case?

（5）How to influence the current projects? For example, the I-395 agreement framework assigned in November 2015?

（6）What is the relationship with 395 express lanes community grant program?

（7）What is direct and indirect benefit from this behavior?

Part 2: we noticed that your group have community program.

As a community member of Northern Virginia, you claim that you care about the environment, safety and well-being of the communities in which you operate. You strive to be good neighbors and long-term partners in the region and are seeking opportunities to respond to the needs of local organizations located near the express lanes corridor. So,

What do you do specificly to be good neighbors and long-term partners, and responds to the needs of other organizations around the express lanes corridor?

About operation & maintenance:

（1）What is the current line of authority (decision-making) in Transurban Group and among all stakeholders for the maintenance service?

（2）Do you think the current practice is good?

参 考 文 献

北京市地方志编纂委员会, 2012. 北京志: 北京奥运会志（上、下）[M]. 北京: 北京出版社.

陈晓萍, 徐淑英, 樊景立, 2012. 组织与管理研究的实证方法[M]. 2 版. 北京: 北京大学出版社.

戴昌钧, 郁屏, 2003. 团队合作中提供帮助的最优委托权安排模型[J]. 管理评论, 15(12): 13-16.

邓小聪, 2011. 南水北调工程建设管理激励机制研究[J]. 水利经济, 29 (1): 47-49.

韩姣杰, 周国华, 李延来, 2014. 基于互惠和利他偏好的项目团队多主体合作行为[J]. 系统管理学报, 23(4): 545-553.

何继善, 2013. 论工程管理理论核心[J]. 中国工程科学, 15(11): 4-11.

何清华, 罗岚, 2014. 大型复杂工程项目群管理协同与组织集成 [M]. 北京: 科学出版社.

何清华, 杨德磊, 张兵, 等, 2015. 组织效能研究的动态演化分析——基于内涵与发展视角研究[J]. 软科学, (9): 76-80.

何清华, 杨德磊, 李永奎, 等, 2015. 重大工程组织公民行为多维内涵模型构建[C]. 2015 中国工程管理论坛论文集.

何清华, 刘晴, 2016. 集成项目交付（IPD）典型模式合同治理研究[J]. 建设监理, (2): 20-22.

胡廷楣, 2011. 巨变——世博城[M]. 上海: 上海文艺出版集团.

京沪高速铁路股份有限公司, 2012. 龙腾京沪: 京沪高速铁路建设报告文集（上、下）[M]. 北京: 中国铁道出版社.

李怀祖, 2000. 管理研究方法论[M]. 西安: 西安交通大学出版社.

罗岚, 2014. 复杂建设项目的复杂性识别、测量与管理研究[D]. 上海: 同济大学.

孟晓华, 2014. 企业环境信息披露的驱动机制研究[D]. 上海: 上海交通大学.

彭瑞高, 2011. 巨变——洋山深水港[M]. 上海: 上海文艺出版集团.

上海市总工会, 上海世博事务协调局, 2012. 崛起的世博园[M]. 上海: 上海文化出版社.

盛昭瀚, 游庆仲, 陈国华, 等, 2009. 大型工程综合集成管理——苏通大桥工程管理理论的探索与思考[M]. 北京: 科学出版社.

唐涛, 万金波, 张锐, 2013. 浅谈南水北调中线干线工程开展劳动竞赛活动的做法和体会[J]. 南水北调与水利科技, 11(1): 174-176.

魏光兴, 余乐安, 汪寿阳, 等, 2007. 基于协同效应的团队合作激励因素研究[J]. 系统工程理论与实践, (1): 1-9.

中国建筑业协会, 2008. 北京奥运工程项目管理创新[M]. 北京: 中国建筑工业出版社.

张永军, 廖建桥, 赵君, 2010. 国外组织公民行为与反生产行为关系研究述评[J]. 外国经济与管理, 32(5): 31-39.

周志东, 周春清, 2009. 青藏铁路19标段施工技术与研究[M]. 西安: 西南交通大学出版社.

AHADZIE D K, PROVERBS D G, OLOMOLAIYE P, 2008. Towards developing competency-based measures for construction project managers: should contextual behaviours be distinguished from task behaviours? [J]. International Journal of Project Management, 26(6): 631-645.

AJZEN I, 1991. The theory of planned behavior[J]. Organizational Behavior and Human Decision Processes. 50: 179-211.

ALOJAIRI A, SAFAYENI F, 2012. The dynamics of inter-node coordination in social networks: a theoretical perspective and empirical evidence [J]. International Journal of Project Management, 30(1): 15-26.

ALTSHULER A A, LUBEROFF D E, 2004. Mega-projects: the changing politics of urban public investment [M]. Washington, D.C.: Brookings Institution Press.

ANVUUR A M, KUMARASWAMY M M, 2007. Conceptual model of partnering and alliancing [J]. Journal of Construction Engineering and Management, 133(3): 225-234.

ANVUUR A M, KUMARASWAMY M M, 2011. Measurement and antecedents of cooperation in construction [J]. Journal of Construction Engineering and Management, 138(7): 797-810.

ANVUUR A M, KUMARASWAMY M M, RICHARD FELLOWS, 2012. Perceptions of status and TMO workgroup cooperation: implications for project governance [J]. Construction Management and Economics, 30(9): 719-737.

ANVUUR A M, KUMARASWAMY M M, 2015. Effects of teamwork climate on cooperation in crossfunctional temporary multi-Organization workgroups [J]. Journal of Construction Engineering and Management: 04015054.

ARONSON Z H, LECHLER T G, 2009. Contributing beyond the call of duty: examining the role of culture in fostering citizenship behavior and success in project-based work [J]. R&d Management, 39(5): 444-460.

ARONSON Z H, RICHARD R R, LYNN. G S, 2006. The impact of leader personality on new product development teamwork and performance: the moderating role of uncertainty [J]. Journal of Engineering and Technology Management, 23(3): 221-247.

ARONSON Z H, SHENHAR A J, PATANAKUL P, 2013. Managing the intangible aspects of a project: the affect of vision, artifacts, and leader values on project spirit and success in technology-driven projects [J]. Project Management Journal, 44(1): 35-58.

AZHAR N, KANG Y, AHMAD I, 2014. Critical look into the relationship between information and communication technology and integrated project delivery in public sector construction [J]. Journal of Management in Engineering, 31(5): 04014091.

BAKKER R M, 2010. Taking stock of temporary organizational forms: a systematic review and research agenda [J]. International Journal of Management Reviews, 12(4): 466-486.

BAKKER R M, BOROŞ S, KENIS P, et al, 2013. It's only temporary: time frame and the dynamics of creative project teams [J]. British Journal of Management, 24(3): 383-397.

BARNARD C I, 1938. The Functions of the executive [M]. Cambridge, MA: Harvard University Press.

BARON R M, KENNY D A, 1986. The moderator-mediator variable distinction in social psychological research: conceptual, strategic, and statistical considerations [J]. Journal of Personality and Social Psychology, 51(6): 1173.

BATEMAN T S, ORGAN D W, 1983. Job satisfaction and the good soldier: the relationship between affect and employee "citizenship" [J]. Academy of Management Journal, 26(4): 587-595.

BATSON C D, POWELL A A, 2003. Altruism and prosocial behavior [M]. //MILLON T, LERNER M J. Handbook of Psychology, Volume5: Personality and Social Psychology. Hoboken, N J: Wiley: 463-484.

BATSON C D, AHMAD N, POWELL A A, et al,2008. Prosocial motivation [M]. //SHAN J Y, GARDNER W L. Handbook of Motivation Science. New York: Guilford: 135-149.

BERGERON D M, SHIPP A J, ROSEN B, et al, 2013. Organizational citizenship behavior and career outcomes: the cost of being a good citizen [J]. Journal of Management, 39(4): 958-984.

BIENSTOCK C C, DEMORANVILLE C W, SMITH R K, 2003. Organizational citizenship behavior and service quality [J]. Journal of Services Marketing, 17(4): 357-378.

BILBO D, BIGELOW B, ESCAMILLA E, et al, 2015. Comparison of construction manager at risk and integrated project delivery performance on healthcare projects: A comparative case study [J]. International Journal of Construction Education and Research, 11(1): 40-53.

BLATT R, 2008. Organizational citizenship behavior of temporary knowledge employees [J]. Organization Studies, 29(6): 849-866.

BOATENG P, CHEN Z, OGUNLANA S O, 2015. An analytical network process model for risks prioritisation in megaprojects [J]. International Journal of Project Management, 33(8): 1795-1811.

BOMMER W H, DIERDORFF E C, RUBIN R S, 2007. Does prevalence mitigate relevance? The moderating effect of group-level OCB on employee performance [J]. Academy of Management Journal, 50(6): 1481-1494.

BOLINO M C, 1999. Citizenship and impression management: good soldiers or good actors? [J]. Academy of Management Review, 24(1): 82-98.

BOLINO M C, KLOTZ A C, TURNLEY W H, et al, 2013. Exploring the dark side of organizational citizenship behavior [J]. Journal of Organizational Behavior, 34(4): 542-559.

BOLINO M C, GRANT A M, 2016. The bright side of being prosocial at work, and the dark side, too: a review and agenda for research on other-oriented motives, behavior, and impact in organizations [J]. The Academy of Management Annals, 10(1): 599-670.

BORMAN W C, MOTOWIDLO S M, 1993. Expanding the criterion domain to include elements of contextual performance [M]. //SCHMITT N, BORMAN W C. Personnel Selection in Organizations. San Francisco: Jossey-Bass: 71-90.

BRAUN T, MÜLLER-SEITZ G, SYDOW J, 2016. Project citizenship behavior?-An explorative analysis at the project-network-nexus [J]. Scandinavian Journal of Management, 28(4): 271-284.

BRAUN T, FERREIRA A I, SYDOW J, 2013. Citizenship behavior and effectiveness in temporary organizations [J]. International Journal of Project Management, 31(6): 862-876.

BRESMAN H, 2010. External learning activities and team performance: a multimethod field study [J]. Organization Science, 21(1): 81-96.

BRESNEN M, 2016. Institutional development, divergence and change in the discipline of project management [J]. International Journal of Project Management, 34(2): 328-338.

BRIGHT D S, CAMERON K S, CAZA A, 2006. The amplifying and buffering effects of virtuousness in downsized organizations [J]. Journal of Business Ethics, 64(3): 249-269.

BRION S, CHAUVET V, CHOLLET B, et al, 2012. Project leaders as boundary spanners: relational antecedents and performance outcomes [J]. International Journal of Project Management, 30(6): 708-722.

BURT R S, 1982. Toward a structural theory of action[M]. Salt Lake City: Academic Press.

CAMERON K S, WHETTEN D, 1996. Organizational effectiveness and quality: the second generation [J]. Higher Education-New York-Agatha Press Incorporated, 11: 265-306.

CAMERON K S, DUTTON J E, QUINN R E, et al, 2003. Developing a discipline of positive organizational scholarship[M]. //CAMERON K S, OUTTON J E, QUINN R E. Positive Organizational Scholarship: Foundations of a new discipline. Oaklan, CA: Berrett-koehler Publishers: 361-370.

CAMERON K S, BRIGHT D, CAZA A, 2004. Exploring the relationships between organizational virtuousness and performance [J]. American Behavioral Scientist, 47(6): 766-790.

CAMERON K S, 2005. Organizational effectiveness: its demise and re-emergence through positive organizational scholarship [M]. //SMITH K G, HITT M A. Great Minds in Management: The Process of Theory Development. Oxford: Oxford Unirersity Press: 304-330.

CAMERON K S, MORA C, LEUTSCHER T, et al, 2011. Effects of positive practices on organizational effectiveness [J]. Journal of Applied Behavioral Science, 47(3): 266-308.

CAO DONGPING, LI HENG, WANG GUANGBIN, 2014. Impacts of isomorphic pressures on BIM adoption in construction projects [J]. Journal of Construction Engineering and Management, 140(12): 04014056.

CLEGG S R, PITSIS T S, RURA-POLLEY T, et al, 2002. Governmentality matters: designing an alliance culture of inter-organizational collaboration for managing projects [J]. Organization Studies, 23(3): 317-337.

CHATTOPADHYAY P, 1999. Beyond direct and symmetrical effects: the influence of demographic dissimilarity on organizational citizenship behavior[J]. Academy of Management Journal, 42(3): 273-287.

CHUANG C H, LIAO H, 2010. Strategic human resource management in service context: taking care of business by taking care of employees and customers [J]. Personnel Psychology, 63(1): 153-196.

CHEN P, PARTINGTON D, 2004. An interpretive comparison of Chinese and Western conceptions of relationships in construction project management work [J]. International Journal of Project Management, 22(5): 397-406.

CHEN X P, 2005. Group citizenship behaviour: conceptualization and preliminary tests of its antecedents and consequences [J]. Management and Organization Review, 1(2): 273-300.

CHEUNG S O, WONG W K, YIU T W, et al, 2011. Developing a trust inventory for construction contracting. [J]. International Journal of Project Management, 29(2): 147-168.

CHEUNG S O, YIU T W, CHIU O K, 2009. The aggressive-cooperative drivers of construction contracting [J]. International Journal of Project Management, 27(7): 727-735.

CHI C S F, RUUSKA I, LEVITT R, et al, 2011. A relational governance approach for megaprojects: case studies of Beijing T3 and Bird's Nest Projects in China [C]. Engineering Project Organizations Conference, Estes Park, Colorado. Google Scholar.

COHEN J, COHEN P, WEST S G, et al, 2003. Applied multiple regression/correlation analysis for the behavioral sciences [M]. 3rd ed. Mahwah, NJ: Laurence Erlbaum.

COLE M S, BRUCH H, VOGEL B, 2012. Energy at work: a measurement validation and linkage to unit effectiveness [J]. Journal of Organizational Behavior, 33(4): 445-467.

CRAWFORD E R, LEPINE J A, 2013. A configural theory of team processes: accounting for the structure of taskwork and teamwork [J]. Academy of Management Review, 38(1): 32-48.

CROSS R, BAKER W, PARKER A, 2003. What creates energy in organizations? [J]. MIT Sloan Management Review, 44(4): 51-57.

CUN X, 2012. Public service motivation and job satisfaction, organizational citizenship behavior: an empirical study based on the sample of employees in Guangzhou public sectors [J]. Chinese Management Studies, 6(2): 330-340.

DACIN M T, 1997. Isomorphism in context: the power and prescription of institutional norms [J]. Academy of Management Journal, 40(1): 46-81.

DAFT R L, 2010. Organization theory and design [Z]. Andover, Hampshire: Cengage learning, EMEA.

DAVIES A, HOBDAY M, 2005. The business of projects: managing innovation in complex products and systems [M]. Cambridge: Cambridge University Press.

DAVIES A, GANN D, DOUGLAS T, 2009. Innovation in megaprojects: systems integration at London Heathrow Terminal 5[J]. California Management Review, 51(2): 101-125.

DAVIES A, DODGSON M, GANN D, 2016. Dynamic capabilities in complex projects: the case of London Heathrow Terminal 5[J]. Project Management Journal, 47(2): 26-46.

DIMAGGIO P J, POWELL W W, 1983. The iron cage revisited: institutional isomorphism and collective rationality in organizational fields [J]. American Sociological Review, 48(2): 147-160.

DIPAOLA M F, HOY W K, 2005. Organizational citizenship of faculty and achievement of high school students [J]. The High School Journal, 88(3): 35-44.

DIETRICH P, ESKEROD P, DALCHER D, et al, 2010. The dynamics of collaboration in multipartner projects [J]. Project Management Journal, 41(4): 59-78.

DE DREU, CARSTEN K W, 2006. Rational self-interest and other orientation in organizational behavior: a critical appraisal and extension of Meglino and Korsgaard [J]. Journal of Applied Psychology, 91(6): 1245.

DONALDSON S I, KO I, 2010. Positive organizational psychology, behavior, and scholarship: a review of the emerging literature and evidence base [J]. The Journal of Positive Psychology, 5(3): 177-191.

DUBOIS A, GADDE L E, 2002. The construction industry as a loosely coupled system: implications for productivity and innovation [J]. Construction Management and Economics, 20(7): 621-631.

DUNN S C, SEAKER R F, WALLER M A, 1994. Latent variables in business logistics research: scale development and validation [J]. Journal of Business Logistics, 15: 145-172.

EHRHART M G, NAUMANN S E, 2004. Organizational citizenship behavior in work groups: a group norms approach [J]. Journal of Applied Psychology, 89(6): 960.

EHRHART M G, BLIESE P D, THOMAS J L, 2006. Unit-level OCB and unit effectiveness: examining the incremental effect of helping behavior [J]. Human Performance, 19(2): 159-173.

ELSTER J, 2000. Social norms and economic theory [M]. //CROTHERS L, LOCKHART C. Culture and politics. New York: Palgrave Macmillan: 363-380.

EWEJE J, TURNER R, MÜLLER R, 2012. Maximizing strategic value from megaprojects: the influence of information-feed on decision-making by the project manager [J]. International Journal of Project Management, 30(6): 639-651.

ENGWALL M, 2003. No project is an island: linking projects to history and context [J]. Research Policy, 32(5): 789-808.

FARH J L, ZHONG C B, ORGAN D W, 2004. Organizational citizenship behavior in the People's Republic of China [J]. Organization Science, 15(2): 241-253.

FELDMAN D C, 1984. The development and enforcement of group norms [J]. Academy of Management Review, 9(1): 47-53.

FERREIRA A I, BRAUN T, SYDOW J, 2013. Citizenship behavior in project-based organizing: comparing German and Portuguese project managers [J]. The International Journal of Human Resource Management, 24(20): 3772-3793.

FEHR E, FISCHBACHER U, 2003. The nature of human altruism [J]. Nature, 425(6960): 785-791.

FLYVBJERG B, 2011. Over budget, over time, over and over again: managing major projects [M]. //PETER W G, MORRIS, JEFFREY K, et al. The oxford handbook of project management. Oxford: Oxford University Press: 321-344.

FLYVBJERG B, 2014. What you should know about megaprojects and why: an overview [J]. Project Management Journal, 45(2): 6-19.

GALASKIEWICZ J, WASSERMAN S, 1989. Mimetic processes within an interorganizational field: an empirical test [J]. Administrative Science Quarterly, 34(3): 454-479.

GEORGE J M, BRIEF A P, 1992. Feeling good-doing good: a conceptual analysis of the mood at work-organizational spontaneity relationship [J]. Psychological Bulletin, 112(2): 310.

GEORGE J M, JONES G R, 1997. Organizational spontaneity in context [J]. Human Performance, 10: 153-170.

GIEZEN M, SALET W, BERTOLINI L, 2015. Adding value to the decision-making process of mega projects: fostering strategic ambiguity, redundancy, and resilience [J]. Transport Policy, 44: 169-178.

GONG Y P, CHANG S, CHEUNG S Y, 2010. High performance work system and collective OCB: A collective social exchange perspective [J]. Human Resource Management Journal, 20(2): 119-137.

GRAHAM J W, 1986. Organizational citizenship informed by political theory[C]. Meeting of the Academy of Management, Chicago.

GRAHAM J W, 1991. An essay on organizational citizenship behavior [J]. Employee Responsibilities and Rights Journal, 4(4): 249-270.

GRANOVETTER M, 1985. Economic action and social structure: the problem of embeddedness [J]. American Journal of Sociology, 91(3): 481-510.

GRANT A M, 2007. Relational job design and the motivation to make a prosocial difference [J]. Academy of Management Review, 32 (2): 393-417.

GRANT A M, 2008. Does intrinsic motivation fuel the prosocial fire? Motivational synergy in predicting persistence, performance, and productivity [J]. Journal of Applied Psychology, 93(1): 48.

GRANT A M, MAYER D M, 2009. Good soldiers and good actors: prosocial and impression management motives as interactive predictors of affiliative citizenship behaviors [J]. Journal of Applied Psychology, 94(4): 900.

GRANT A M, PATIL S V, 2012. Challenging the norm of self-interest: minority influence and transitions to helping norms in work units [J]. Academy of Management Review, 37(4): 547-568.

GRANT A M, 2013. Give and take: a revolutionary approach to success [M]. London: Hachette UK.

GU J F, TANG X J, ZHU Z X, 2007. Survey on Wuli-Shili-Renli system approach [J]. Journal of Transportation Systems Engineering and Information Technology, 6: 51-60.

GUENZI P, PANZERI F, 2015. How salespeople see organizational citizenship behaviors: an exploratory study using the laddering technique [J]. Journal of Business and Industrial Marketing, 30(2): 218-232.

HACKMAN J R, 1987. The design of work teams[M]. //LORSCH J. Handbook of organizational behavior. New Jersey: Prentice Hall: 315-342.

HACKMAN J R, 2002. Leading teams: setting the stage for great performances [M]. Boston, MA: Harvard Business School Press.

HAIR J F, RINGLE C M, SARSTEDT M, 2011. PLS-SEM: indeed a silver bullet [J]. Journal of Marketing Theory and Practice, 19(2): 139-152.

HAIR J F, BLACK W C, BABIN B J, et al, 2010. Multivariate data analysis [M]. New Jersey: Prentice Hall inc.

HANISCH B, WALD A, 2014. Effects of complexity on the success of temporary organizations: relationship quality and transparency as substitutes for formal coordination mechanisms [J]. Scandinavian Journal of Management, 30(2): 197-213.

HE Q, SHUANG D, ROSE T, et al, 2016. Systematic impact of institutional pressures on safety climate in the construction industry [J]. Accident Analysis & Prevention, 93:230-239.

HEERE B, XING X, 2012. BOCOG's road to success: predictors of commitment to organizational success among Beijing Olympic employees [J]. European Sport Management Quarterly, 12(2): 161-181.

HENSELER J, RINGLE C M, SINKOVICS R R, 2009. The use of partial least squares path modeling in international marketing [J]. Advances in International Marketing, 20(1): 277-319.

HINKIN T R, 1998. A brief tutorial on the development of measures for use in survey questionnaires [J]. Organizational Research Methods, 1(1): 104-121.

HOEGL M, WEINKAUF K, GEMUENDEN H G, 2004. Interteam coordination, project commitment, and teamwork in multiteam R&D projects: a longitudinal study [J]. Organization Science, 15(1): 38-55.

HU J, LIDEN R, 2015. Making a difference in the teamwork: linking team prosocial motivation to team processes and effectiveness [J]. Academy of Management Journal, 58(4): 1102-1147.

HU Y, ALBERT P C, YUN L, 2014. Understanding the determinants of program organization for construction megaproject success: case study of the shanghai expo construction [J]. Journal of Management in Engineering, 31(5): 05014019.

HUANG X, BOND M H, 2012. Handbook of Chinese Organizational Behavior: Integrating theory, research and practice[M]. //LEUNG K. Theorizing about Chinese organizational behavior: the role of cultural and social forces. Cheltenham: Edward-Elgar, 13-28.

HUANG X, MICHAEL H B, 2012. Handbook of Chinese organizational behavior: Integrating theory, research and practice [M]. Cheltenham: Edward Elgar Publishing.

HULLAND J, 1999. Use of partial least squares (PLS) in strategic management research: a review of four recent studies [J]. Strategic Management Journal, 20: 195-204.

JIA M, ZHANG Z, 2013. The CEO's representation of demands and the corporation's response to external pressures: do politically affiliated firms donate more? [J]. Management and Organization Review, 9:87-114.

JING L, ZHANG D, 2014. The mediation of performance in the relationship of organizational commitment to university faculty's effectiveness [J]. Asia Pacific Education Review, 15(1): 141-153.

KAHYA E, 2009. The effects of job performance on effectiveness [J]. International Journal of Industrial Ergonomics. 39(1): 96-104.

KATZ D, KAHN R L, 1978. The social psychology of organizations [M]. New York: Wiley.

KREBS, DENNIS L, 1970. Altruism: an examination of the concept and a review of the literature [J]. Psychological Bulletin, 73(4): 258.

KATZENBACH, JON R, DOUGLAS K S, 1993. The discipline of teams [J]. Harvard Business Review, March-April: 111-120.

KERLINGER F N, 1986. Foundations of behavioral research [M]. New York: Holt, Rinehart and Winston.

LE Y, SHAN M, CHAN A P, et al, 2014. Investigating the causal relationships between causes of and vulnerabilities to corruption in the Chinese public construction sector [J]. Journal of Construction Engineering and Management, 140(9): 05014007.

LEUFKENS A S, NOORDERHAVEN N G, 2011. Learning to collaborate in multi-organizational projects [J]. International Journal of Project Management, 29(4): 432-441.

LI N, KIRKMAN B L, PORTER COLH, 2014. Toward a model of work team altruism [J]. Academy of Management Review, 39(4): 541-565.

LI X, LIANG X, 2015. A Confucian social model of political appointments among Chinese private entrepreneurs [J]. Academy of Management Journal, 58(2): 592-617.

LI Y, TAYLOR T R B, 2014. Modeling the Impact of Design Rework on Transportation Infrastructure Construction Project Performance [J]. Journal of Construction Engineering and Management, 140(9): 04014044.

LI S X, YAO X, SUE-CHAN C, et al, 2011. Where do social ties come from? Institutional framework and governmental tie distribution among Chinese managers [J]. Management and Organization Review, 7: 97-124.

LIDEN R C, et al, 2004. Social loafing: a field investigation [J]. Journal of Management, 30(2): 285-304.

LIANG J, FARH C I C, FARH J L, 2012. Psychological antecedents of promotive and prohibitive voice: a two-wave examination [J]. Academy of Management Journal, 55(1): 71-92.

LILIUS J M, KANOV J, DUTTON J E, et al, 2012. Compassion revealed [M]. The Oxford Handbook of Positive Organizational Scholarship, 1(1): 273-288.

LIM C S, MOHAMED M Z, 1999. Criteria of project success: an exploratory re-examination [J]. International Journal of Project Management, 17(4): 243-248.

LIN L H, HO Y L, 2010. Guanxi and OCB: the Chinese cases [J]. Journal of Business Ethics, 96(2): 285-298.

LIU G, SHEN Q, LI H, et al, 2004. Factors constraining the development of professional project management in China's construction industry [J]. International Journal of Project Management, 22(3): 203-211.

LIU Y W, ZHAO G F, WANG S Q, 2010. Many hands, much politics, multiple risks-the case of the 2008 Beijing Olympics Stadium [J]. Australian Journal of Public Administration, 69(s1): S85-S98.

LIU J Y, LOW S P, 2011. Work-family conflicts experienced by project managers in the Chinese construction industry [J]. International Journal of Project Management, 29(2): 117-128.

LIU A, FELLOWS R, TUULI M, 2011. The role of corporate citizenship values in promoting corporate social performance: towards a conceptual model and a research agenda [J]. Construction Management and Economics, 29(2): 173-183.

LIU L, BORMAN M, GAO J, 2014. Delivering complex engineering projects: Reexamining organizational control theory [J]. International Journal of Project Management, 32(5): 791-802.

LIU Z, ZHU Z, WANG H, et al, 2016. Handling social risks in government-driven mega-project: An empirical case study from West China [J]. International Journal of Project Management, 34(2): 202-218.

LU Y, LI Y, DA P, et al, 2015. Organizational network evolution and governance strategies in megaprojects [J]. Construction Economics and Building, 15(3): 19.

LUTHANS F, 2002. The need for and meaning of positive organizational behavior [J]. Journal of Organizational Behavior, 23(6): 695-706.

LUTHANS F, AVOLIO B J, AVEY J B, et al, 2007. Positive psychological capital: measurement and relationship with performance and satisfaction [J]. Personnel Psychology, 60(3): 541-572.

MACAULAY, STEWART, 1963. Non-contractual relations in business: a preliminary study [J]. American Sociological Review, 28(1): 67-69.

MACKENZIE S B, PODSAKOFF P M, FETTER R, 1991. Organizational citizenship behavior and objective productivity as determinants of managerial evaluations of salespersons' performance [J]. Organizational Behavior and Human Decision Processes, 50(1): 123-150.

MACKENZIE S B, PODSAKOFF P M, PODSAKOFF N P, 2011. Challenge-oriented organizational citizenship behaviors and organizational effectiveness: do challenge-oriented behaviors really have an impact on the organization's bottom line? [J]. Personnel Psychology, 64(3): 559-592.

MAHALINGAM A, LEVITT R E, 2007. Institutional theory as a framework for analyzing conflicts on global projects [J]. Journal of Construction Engineering and Management, 133(7): 517-528.

MAIER E R, BRANZEI O, 2014. "On time and on budget": harnessing creativity in large scale projects [J]. International Journal of Project Management, 32(7): 1123-1133.

MACH J G, OLSEN J P, 1989. Rediscovering Institutions [M]. New York: Free Press.

MARSHALL N, BRESNEN M, 2011. Projects and partnerships: institutional processes and emergent practices [M]. Oxford: Oxford University Press(oup): 154-174.

MARTINS L L, EDDLESTON K A, VEIGA J F, 2002. Moderators of the relationship between work-family conflict and career satisfaction [J]. Academy of Management Journal, 45(2): 399-409.

MATTHEWS J R, 2011. Assessing organizational effectiveness: The role of performance measures [J]. The Library, 81(1): 83-110.

MAZUR A K, PISARSKI A, 2015. Major project managers' internal and external stakeholder relationships: the development and validation of measurement scales [J]. International Journal of Project Management, 33(8): 1680-1691.

MARRONE J A, 2010. Team boundary spanning: a multilevel review of past research and proposals for the future [J]. Journal of Management, 36(4): 911-940.

MAYLOR H, VIDGEN R, CARVE S, 2008. Managerial complexity in project-based operations: a grounded model and its implications for practice [J]. Project Management Journal, 39(1): 15-26.

MCKENNA M G, WILCZYNSKI H, VANDERSCHEE D, 2006. Capital project execution in the oil and gas industry [M]. Houston: Booz Allen Hamilton.

MEGLINO B M, KORSGAARD A, 2004. Considering rational self-interest as a disposition: organizational implications of other orientation [J]. Journal of Applied Psychology, 89(6): 946.

MESA H A, MOLENAAR K R, ALARCÓN L F, 2016. Exploring performance of the integrated project delivery process on complex building projects [J]. International Journal of Project Management, 34(7): 1089-1101.

MEYER J W, ROWAN B, 1977. Institutionalized organizations: formal structure as myth and ceremony [J]. American Journal of Sociology, 83(2): 340-363.

MILLER R, LESSARD D, 2001. Understanding and managing risks in large engineering projects [J]. International Journal of Project Management, 19(8): 437-443.

MOK K Y, SHEN G Q, YANG J, 2015. Stakeholder management studies in mega construction projects: a review and future directions [J]. International Journal of Project Management, 33(2): 446-457.

MOTA J, MOREIRA A C, 2015. The importance of non-financial determinants on public-private partnerships in Europe [J]. International Journal of Project Management, 33(7): 1563-1575.

MOORMAN R H, BLAKELY G L, 1995. Individualism-collectivism as an individual difference predictor of organizational citizenship behavior [J]. Journal of Organizational Behavior, 16(2): 127-142.

MORRISON E W, 1994. Role definitions and organizational citizenship behavior: the importance of the employee's perspective [J]. Academy of Management Journal, 37(6):1543-1567.

MORRIS, PETER W G, 2013. Reconstructing project management [M]. New York: John Wiley & Sons.

MÜLLER R, TURNER R, ANDERSEN E S, et al, 2014. Ethics, trust, and governance in temporary organizations [J]. Project Management Journal, 45(4): 39-54.

MÜLLER R, PEMSEL S, SHAO J, 2015. Organizational enablers for project governance and governmentality in project-based organizations [J]. International Journal of Project Management, 33(4): 839-851.

MÜLLER R, ANDERSEN E S, KVALNES Ø, et al, 2013. The interrelationship of governance, trust, and ethics in temporary organizations [J]. Project Management Journal, 44(4): 26-44.

NING Y, LING F Y Y, 2013. Reducing hindrances to adoption of relational behaviors in public construction projects [J]. Journal of Construction Engineering and Management, 139(11): 04013017.

NOWAK M A, 2006. Five rules for the evolution of cooperation [J]. Science, 314.5805: 1560-1563.

OH S H D, CHEN Y, SUN F, 2015. When is a good citizen valued more? Organizational citizenship behavior and performance evaluation [J]. Social Behavior and Personality: An International Journal, 43(6): 1009-1020.

ORGAN D W, 1988. Organizational citizenship behavior: the good soldier syndrome [M]. Lexington, MA: LexingtonBooks.

ORGAN D W, 1997. Organizational citizenship behavior: It's construct clean-up time [J]. Human Performance, (10):85-97.

ORGAN D W, PODSAKOFF P M, PODSAKOFF N P, 2011. Expanding the criterion domain to include organizational citizenship behavior: implications for employee selection [J]. Zedeck Sheldon Apa Handbook of Industrial&Organizational Psychology 2: 281-323.

PATANAKUL P, MILOSEVIC D, 2009. The effectiveness in managing a group of multiple projects: Factors of influence and measurement criteria [J]. International Journal of Project Management, 27(3): 216-233.

PATANAKUL P, 2015. Key attributes of effectiveness in managing project portfolio [J]. International Journal of Project Management, 33(5): 1084-1097.

PATANAKUL P, KWAK Y H, ZWIKAEL O, et al, 2016. What impacts the performance of large-scale government projects? [J]. International Journal of Project Management, 34(3): 452-466.

PETTIGREW T F, 1997. Generalized intergroup contact effects on prejudice [J]. Personality and Social Psychology Bulletin, 23(2): 173-185.

PETTIGREW T F, 1998. Intergroup contact theory [J]. Annual Review of Psychology, 49(1): 65-85.

PETRO Y, GARDINER P, 2015. An investigation of the influence of organizational design on project portfolio success, effectiveness and business efficiency for project-based organizations [J]. International Journal of Project Management, 33(8): 1717-1729.

PHUA F T T, 2004. The antecedents of co-operative behaviour among project team members: An alternative perspective on an old issue [J]. Construction Management and Economics, 22(10): 1033-1045.

PODSAKOFF P M, ORGAN D W, 1986. Self-reports in organizational research: problems and prospects [J]. Journal of Management, 12(4): 531-544.

PODSAKOFF P M, 1990. Transformational leader behaviors and their effects on followers' trust in leader, satisfaction, and organizational citizenship behaviors [J]. The Leadership Quarterly, 1(2): 107-142.

POSDAKOFF P M, MACKENZIE S B, 1994. Organizational citizenship behaviors and sales unit effectiveness [J]. Journal of Marketing Research, 31(3): 351-363.

PODSAKOFF P M, AHEARNE M, MACKENZIE S B, 1997. Organizational citizenship behavior and the quantity and quality of work group performance [J]. Journal of Applied Psychology, 82(2): 262.

PODSAKOFF P M, MACKENZIE S B, PAINE J B, et al, 2000. Organizational citizenship behaviors: a critical review of the theoretical and empirical literature and suggestions for future research[J]. Journal of Management, 26(3): 513-563.

PODSAKOFF N P, PODSAKOFF P M, MACKENZIE S B, et al, 2014. Consequences of unit-level organizational citizenship behaviors: a review and recommendations for future research [J]. Journal of Organizational Behavior, 35(S1): S87-S119.

POWELL W W, BROMLEY P, 2013. New institutionalism in the analysis of complex organizations [J]. International Encyclopedia of Social and Behavioral Sciences, 2: 1-13.

PROVAN K G, SYDOW J, PODSAKOFF N P, 2014. Network citizenship behavior: toward a behavioral perspective on multi-organizational networks[J]. Academy of Management Annual Meeting, (1): 11520.

PODSAKOFF P M, MACKENZIE S B, PODSAKOFF N P, 2016. Recommendations for creating better concept definitions in the organizational, behavioral, and social sciences[J]. Organizational Research Methods, 19(2): 159-203.

QUINN R E, ROHRBAUGH J, 1981. A competing values approach to organizational effectiveness [J]. Public Productivity Review, 5(2): 122-140.

RAELIN J A, KEVORKIAN J, 2014. How to build network citizenship behavior within a social network or consortium [J]. Academe, 100(3): 17-20.

ROSS, STEPHEN A, 1973. The economic theory of agency: The principal's problem [J]. The American Economic Review, 63(2): 134-139.

ROSE, KEVIN, 2016. Examining organizational citizenship behavior in the context of human resource development: an integrative review of the literature [J]. Human Resource Development Review, 15(3): 295-316.

ROUSSEAU D M, SITKIN S B, BURT R S, et al, 1998. Not so different after all: a cross-discipline view of trust [J]. Academy of Management Review, 23(3): 393-404.

RUBIN R S, DIERDORFF E C, BACHRACH D G, 2013. Boundaries of citizenship behavior: curvilinearity and context in the citizenship and task performance relationship [J]. Personnel Psychology, 66(2): 377-406.

SALANCIK G R, PFEFFER J, 1978. A social information processing approach to job attitudes and task design [J]. Administrative Science Quarterly, 23: 224-253.

SAUNDERS C S, AHUJA M K, 2006. Are all distributed teams the same? differentiating between temporary and ongoing distributed teams [J]. Small Group Research, 37: 662-700.

SAUNDERS M, LEWIS P, THORNHILL A, 2009. Research methods for business students [M]. 5th ed. New Jersey: Pearson Education.

SCOTT W R, 1995. Institutions and organizations [M]. Berkeley: Thousand Oaks, CA: Sage.

SCOTT W R, LEVITT R E, ORR R J, 2011. Global projects: Institutional and political challenges [M]. Cambridge: Cambridge University Press.

SCOTT W R, 2012. The institutional environment of global project organizations [J]. Engineering Project Organizational Journal. 2 (1-2), 27-35.

SERRADOR P, TURNER R, 2015. The Relationship between project success and project efficiency [J]. Project Management Journal, 46(1): 30-39.

SETTOON R P, MOSSHOLDER K W, 2002. Relationship quality and relationship context as antecedents of person-and task-focused interpersonal citizenship behavior [J]. Journal of Applied Psychology, 87(2): 255.

SHAO J, 2010. Impact of program managers' leadership competences on programsuccess and its moderation through program context[D]. Lille: SKEMA Business School.

SHAW J D, ZHU J, DUFFY M K, et al, 2011. A contingency model of conflict and team effectiveness [J]. Journal of Applied Psychology, 96(2): 391.

SHEN L, SHI Q, 2015. Management of infrastructure projects for urbanization in China [J]. International Journal of Project Management, 3(33): 481-482.

SHIM D C, FAERMAN S, 2017. Government employees' organizational citizenship behavior: The impacts of public service motivation, organizational identification, and subjective OCB norms [J]. International Public Management Journal, 20(4): 531-559.

SMITH C A, ORGAN D W, NEAR J P, 1983. Organizational citizenship behavior: Its nature and antecedents [J]. Journal of Applied Psychology, 68(4): 653.

SMITH K G, CARROLL S J, ASHFORD S J, 1995. Intra- and interorganizational cooperation: Toward a research agenda [J]. Academic of Management Journal, 38(1), 7-23.

SMITH K G, HITT M A, 2005. Great minds in management: the process of theory development [M]. Oxford: Oxford University Press.

SÖDERHOLM A, 2008. Project management of unexpected events [J]. International Journal of Project Management, 26(1): 80-86.

SON J Y, BENBASAT I, 2007. Organizational buyers' adoption and use of B2B electronic marketplaces: efficiency-and legitimacy-oriented perspectives [J]. Journal of Management Information Systems, 24(1): 55-99.

STEWART G L, COURTRIGHT S H, BARRICK M R, 2012. Peer-based control in self-managing teams: linking rational and normative influence with individual and group performance [J]. Journal of Applied Psychology, 97(2): 435.

SUN L Y, ARYEE S, LAW K S, 2007. High-performance human resource practices, citizenship behavior, and organizational performance: a relational perspective [J]. Academy of Management Journal, 50:558-577.

SUN J, ZHANG P L, 2011. Owner organization design for mega industrial construction projects [J]. International Journal of Project Management, 29(7): 828-833.

SUTCLIFFE K M, VOGUS T J, 2003. Organizing for resilience [J]. Positive Organizational Scholarship: Foundations of a New Discipline, 94: 110.

The Arizona Department of Transportation(ADOT). 2013. CMAR method is beneficial for certain projects, https://www.azdot.gov/media/blog/posts/2013/05/22/cmar-method-is-beneficial-for-certain-projects.

TEO H H, WEI K K, BENBASAT I, 2003. Predicting intention to adopt interorganizational linkages: an institutional perspective [J]. Mis Quarterly, 27(1): 19-49.

TORTORIELLO M, KRACKHARDT D, 2010. Activating cross-boundary knowledge: the role of Simmelian ties in the generation of innovations [J]. Academy of Management Journal, 53(1): 167-181.

TURNER J R, MÜLLER R, 2003. On the nature of the project as a temporary organization [J]. International Journal of Project Management, 21(1): 1-8.

TYSSEN A K, WALD A, SPIETH P, 2013. Leadership in temporary organizations: a review of leadership theories and a research agenda [J]. Project Management Journal, 44(6): 52-67.

TYSSEN A K, WALD A, SPIETH P, 2014. The challenge of transactional and transformational leadership in projects [J]. International Journal of Project Management, 32(3): 365-375.

TSUI A S, 1990. A multiple-constituency model of effectiveness: An empirical examination at the human resource subunit level [J]. Administrative Science Quarterly, 35(3): 458-483.

TSUI A S, FARH J L, 1997. Where guanxi matters relational demography and guanxi in the Chinese context [J]. Work and Occupations, 24(1): 56-79.

VAN D L, GRAHAM J W, DIENESCH R M, 1994. Organizational citizenship behavior: construct redefinition, measurement, and validation [J]. Academy of Management Journal, 37(4): 765-802.

VAN SCOTTER J R, MOTOWIDLO S J, 1996. Interpersonal facilitation and job dedication as separate facets of contextual performance [J]. Journal of Applied Psychology, 81(5): 525.

BROCKE J V, LIPPE S, 2015. Managing collaborative research projects: A synthesis of project management literature and directives for future research [J]. International Journal of Project Management, 33(5): 1022-1039.

WALSH J P, WEBER K, MARGOLIS J D, 2003. Social issues and management: Our lost cause found [J]. Journal of Management, 29(6): 859-881.

WALKER, CATHERINE, 2004. "A charitable view of altruism: commentary on 'What is altruism?'by Elias Khalil"[J]. Journal of Economic Psychology, 25(1): 129-134.

WANG X, HUANG J, 2006. The relationships between key stakeholders' project performance and project success: Perceptions of Chinese construction supervising engineers [J]. International Journal of Project Management, 24(3): 253-260.

WANG L, HINRICHS K T, PRIETO L, et al, 2013. Five dimensions of organizational citizenship behavior: Comparing antecedents and levels of engagement in China and the US [J]. Asia Pacific Journal of Management, 30(1): 115-147.

WANG H, SUI Y, LUTHANS F, et al, 2014. Impact of authentic leadership on performance: role of followers' positive psychological capital and relational processes [J]. Journal of Organizational Behavior, 35(1): 5-21.

WARREN N, 2015. Positive institutional work: exploring institutional work through the lens of positive organizational scholarship [J]. Academy of Management Review, 40(3): 370-398.

WILSON J, 2002. The accidental altruist [J]. Biology and Philosophy, 17(1): 71-91.

WINCH G, LEIRINGER R, 2016. Owner project capabilities for infrastructure development: a review and development of the "strong owner" concept [J]. International Journal of Project Management, 34(2): 271-281.

WONG E S, THEN D, SKITMORE M, 2010. Antecedents of trust in intra-organizational relationships within three Singapore public sector construction project management agencies [J]. Construction Management and Economics, 18(7): 797-806.

XING X, CHALIP L, 2009. Marching in the glory: experiences and meanings when working for a sport mega-event [J]. Journal of Sport Management, 23(2): 210-237.

XUE X L, SHEN Q P, REN Z M, 2010. Critical review of collaborative working in construction projects: business environment and human behaviors [J]. Journal of Management in Engineering, 26(4): 196-208.

YANG H, YEUNG J F, CHAN A P, et al, 2010. A critical review of performance measurement in construction [J]. Journal of Facilities Management, 8(4): 269-284.

YE K, SHEN L, XIA B, et al, 2014. Key attributes underpinning different markup decision between public and private projects: a China study [J]. International Journal of Project Management, 32(3): 461-472.

YEN H R, ELDON Y L, BRIAN P N, 2008. Do organizational citizenship behaviors lead to information system success testing the mediation effects of integration climate and project management [J]. Information & Management, 45: 394-402.

YIN R K, 1989. Case study research: design and methods, revised edition [M]. California: Sage Publications.

ZHAI L, XIN Y, CHENG C, 2009. Understanding the value of project management from a stakeholder's perspective: case study of mega-project management [J]. Project Management Journal, 40(1): 99-109.

ZHANG L, HE J, 2015. Critical factors affecting tacit-knowledge sharing within the integrated project team [J]. Journal of Management in Engineering, 32(2): 04015045.

ZHU Y, LI Y, WANG W, et al, 2010. What leads to post-implementation success of ERP? An empirical study of the Chinese retail industry [J]. International Journal of Information Management, 30(3): 265-276.

ZUCKER L G, 1977. The role of institutionalization in cultural persistence [J]. American Sociological Review, 42(2): 726-743.